HAYMONverlag

Phenix Kühnert

EINE FRAU IST EINE FRAU IST EINE FRAU

über trans Sein und mein Leben

Lass uns lieber
Naiv sein als zynisch
Blauäugig statt hart und kalt
Lieber in letzter Sekunde noch glauben
Dass man fliegen kann
Kurz vorm Asphalt
Hoffnung hält Träume am Leben
Steh lachend mit dir im Gewitter
Du küsst mich
Und schreist in den Regen
Ich will lieber
Naiv sein als bitter

Max Richard Leßmann

HALLO MENSCHEN DA DRAUSSEN!

Bevor ich richtig einsteige, möchte ich noch etwas loswerden: Dieses Buch beruht zu einem großen Teil auf meinen persönlichen Erfahrungen. Meine Individualerfahrung kann nicht stellvertretend für alle trans Frauen, trans Menschen oder sogar alle queeren Menschen stehen. Und das soll sie auch gar nicht, ich bin nicht das fleischgewordene Sprachrohr all dieser Personen. Auch wenn ich Tipps formuliere, wie nicht Betroffene in bestimmten Situationen bestmöglich handeln können oder sollten, beruhen diese auf meiner eigenen Meinung und Einschätzung – und sind demnach nicht allgemeingültig. In manchen Passagen halte ich mich an Definitionen, aber es ist sehr gut möglich, dass es da draußen Menschen gibt, die Dinge für sich individuell anders definieren. Dieses Buch ist eine Hilfestellung. Am wichtigsten sind ohnehin ein respektvolles Miteinander und Aufklärung, die in der sogenannten „Mitte" der Gesellschaft ankommt, um Berührungsängste abzubauen.

Schon immer ist es mein Credo, durch Empathie für mehr Akzeptanz und Toleranz in unserer Gesellschaft zu sorgen. Und genau das verfolge ich auch mit diesem Buch, in dem ich meine Geschichte erzähle. Anekdotisch reflektiere ich Erfahrungen und arbeite Erlebtes auf. Diese Anekdoten setze ich in Verbindung mit bestimmten Themen, die nicht nur mich oder einzelne Personen betreffen, sondern unsere Gesellschaft – das System, in dem wir leben. Das sind sachbuchartige Einschübe, die meine Erlebnisse auf einer größeren Skala verorten. Dieses Buch ist für mich eine Reise und für Menschen, die es lesen, ein Denkanstoß, weder vollständig noch auf alle Situationen und Personen übertragbar. Nicht zu vergessen sind die zahlreichen Privilegien, die ich habe: Ich bin *weiß*, habe keine Behinderung und bin momentan gesund, ich bin in eine sogenannte „intakte" Familie in guter finanzieller Lage geboren – mit Eltern, die mich mein ganzes Leben lang emotional, aber auch materiell unterstützt haben und es auch immer wieder tun würden, sollte ich es brauchen. Meine Worte werden hier abgedruckt, aber da draußen gibt es sehr viele Menschen, denen Gehör geschenkt werden muss, bitte vergesst das nicht.

Am Ende dieses Buches gibt es ab Seite 213 ein Glossar. Darin finden sich Begriffe rund um LGBTQIA+ Themen. Begriffe, die vielleicht nicht alle von uns jeden Tag nutzen, die aber wichtig sind und zum Verständnis einiger spezifischer Abschnitte beitragen.

Und: Wenn ich in einem allgemeinen Kontext (nicht auf meine persönliche Geschichte bezogen) das Wort „trans" verwende, also von trans Personen schreibe, meine ich im Besonderen trans Menschen, möchte aber festhalten, dass auch Menschen mit anderer (queerer) Geschlechtsidentität gegebenenfalls ähnliche oder gleiche Erfahrungen machen können. Dies kann in anderen Texten durch ein Sternchen nach dem Wort trans – also „trans*" – deutlich gemacht werden. So funktioniert das ebenfalls bei den Wörtern „Mann" und „Frau": Menschen anderen Geschlechts können natürlich vergleichbare Erfahrungen machen.

*Ich identifiziere mich nicht als trans, ich bin trans.
Ich nutze nicht die Pronomen „sie/ihr",
sondern meine Pronomen sind „sie/ihr".
Dazu habe ich mich nie entschieden,
das war schon immer so.
Es gibt kein Datum, an dem ich trans geworden bin.
Es gab den Moment, in dem ich es mir eingestanden habe,
und es gab den Moment, ab dem ich mich entschieden
habe, andere daran teilhaben zu lassen.
Ich war nie ein Mann, bei meiner Geburt wurde mir
das männliche Geschlecht zugewiesen
und ich habe mich, dem angepasst, gesellschaftlich
typisch männlich präsentiert.*

PROLOG: WENN ROUTINE ZUR AUSNAHMESITUATION WIRD

„Herr Kühnert, bitte!"

Ich greife nach meiner Tasche. Während ich mich aus dem Stuhl im Wartezimmer meiner Hautärztin erhebe, spüre ich die Blicke der Anwesenden. Ich fühle mich wie ein Alien, wie eine andere Spezies. Dabei möchte ich doch einfach nur zu meiner Routineuntersuchung. Routine: Nichts Außergewöhnliches. Nichts, was im Leben eines Menschen Schweißausbrüche hervorrufen und Überwindung kosten sollte. Aber alltägliche Situationen verlangen mir manchmal viel ab. Das kann ein einfaches *Hallo* in der Sportumkleide sein. Denn sobald meine tiefe Stimme zu hören ist, könnte anderen Menschen die Illusion genommen werden, dass ich eine cis Frau bin. Also eine Frau, der bei der Geburt das weibliche Geschlecht zugewiesen wurde. Denn das bin ich nicht. Ich bin eine trans Frau. Das versuche ich nicht rund um die Uhr zu verstecken, aber manchmal schon. Warum? Um ganz „normal" behandelt zu werden. „Normal", ein sehr schwieriges Wort, das ich in diesem Buch wohl ausschließlich in Anführungszeichen verwenden werde. Denn was ist schon „normal" in den gesellschaftlichen Konstrukten, innerhalb derer wir leben?

Es gibt viele Alltagssituationen, die mich als trans Person aus der Bahn werfen können: ein Telefonat, ein Toilettenbesuch oder ein Termin mit einem Handwerker. Ich weiß nie, wer potentiell ein Problem mit mir haben könnte. Ich fühle mich wie in einem Karussell mit regelmäßigem Halt in Outing-Szenarien.

Ich bewege mich also durch das volle Wartezimmer. Die Wartenden schauen, als sei ich in einem fleckigen Sonntags-Couch-Outfit auf den Laufsteg einer Pariser Fashion Show gefallen. Alle wollen sich vergewissern, welches Geschlecht dieser Mensch denn nun hat. Oder ob ein Irrtum vorliegt, den sie dringend aufklären müssen. Es wurde ja schließlich ein „Herr" aufgerufen – sie lesen mich aber als Frau. So kommt es im Gehirn der meisten zum Error. Diese Problemstellung muss nun irgendwie gelöst werden. Ist das also ein Mann?! Während die Gehirne dieses Problem bearbeiten, wird gestarrt. Auf eine Art freuen mich die Blicke sogar, für mich bedeutet das nämlich, dass ich im Wartezimmer bisher als Frau wahrgenommen wurde. Ansonsten würde es nicht zu dieser Verwirrung kommen. Dennoch kann ich auf diese Bestätigung gern verzichten, denn das unangenehme Gefühl überwiegt.

Die Arzthelferin steht in der Tür des Behandlungszimmers. Sie schaut zu mir. Sie schaut auf meine Akte und wieder zu mir. Derselbe Error wie bei den anderen Anwesenden tritt auf. Das kann ich in ihren Augen lesen. Ich versuche zu lächeln und nicke ihr zu. Sie versteht meine Geste und tritt beiseite, sodass ich den Raum betreten kann.

Ich bin es gewohnt, dass Menschen irritiert reagieren, wenn sie in einem solchen Kontext auf mich treffen. Auf offiziellen Dokumenten trage ich zu diesem Zeitpunkt einen gesellschaftlich „männlichen" Namen. Menschen lesen mich wiederum als Frau, und das führt zu Irritation. Diese Verwirrung ist für alle Beteiligten unangenehm. Es war ein langer Weg, bis ich verstand: Ich bin nicht das Problem in diesen Situationen. Ich muss meinen Mitmenschen das Leben nicht einfach und leicht durchschaubar machen. Ich muss glücklich sein. Und wie ich den Weg zu dieser und ganz vielen anderen Erkenntnissen gegangen bin, möchte ich teilen.

Dieses Buch ist für meine Hautärztin, für ihr Personal, für alle, die je mit mir im Wartezimmer saßen, und für alle, die mich irgendwann angestarrt haben. Dieses Buch ist für Menschen, die ebenfalls angestarrt werden, für die, die sich weiterentwickeln wollen, und für alle, die mit offenen Augen durchs Leben gehen.

EIN ANFANG: SZENEN MEINES LEBENS

Dieser Text ist für mich eine Reise. Eine Reise, die nicht chronologisch abläuft. Und deswegen ist auch dieses Buch: nicht chronologisch und ohne Anspruch auf Vollständigkeit. Aber ... wie es sich wohl anfühlt, diesen Text zu lesen? Ein bisschen so, als hätte ich euch, die Lesenden, einen Abend lang zu mir eingeladen. Als hätten wir uns hingesetzt, und ich hätte angefangen zu erzählen. Bis in die Nacht hinein, vielleicht sogar eher bis in die frühen Morgenstunden, wenn es anfängt zu dämmern und das Licht golden wird. Es ist, als wären in dieser Nacht viele Fragen aufgekommen, als hätte es Zwischenrufe gegeben, Nicken und Lachen und Tränen. So fühlt sich dieser Text jedenfalls für mich an. Ich habe Anekdoten aufgeschrieben, ich spreche von einzelnen Situationen, von Erlebnissen. Manchmal springe ich in der Zeit, vor und zurück. Denn diese Erzählung kann nicht chronologisch sein. Auch meine Transition lief und läuft schließlich nicht nach einem strengen Punkteplan, mit vorgegebenen Schritten, die ich abhaken kann. Verschiedene Geschehnisse haben sich oft erst retrospektiv miteinander verbunden, sie haben sich gegenseitig beeinflusst. Das war schön, schwierig, manchmal sehr aufreibend für mich. Genug der Vorrede, es ist so weit: Wir sitzen gemeinsam am Tisch.

Wäre ich mit einer Vulva geboren worden, würde ich jetzt den Namen meiner jüngeren Schwester tragen. Aber wie würde sie dann heißen? Ein kurioser Gedanke. Unsere Eltern ließen sich im Laufe der Schwangerschaften nämlich nicht sagen, welche Genitalien ihre Kinder jeweils haben würden, und bereiteten sich auf alle Eventualitäten vor. Auf alle? Nein, das stimmt nicht ganz.

Meine Mutter hat sich 1995 nicht für das Geschlecht des Babys interessiert, das in ihrem Bauch wuchs. Das führte im Bekanntenkreis zu schiefen Blicken. Damals war es üblich, das „Geschlecht" vor der Geburt zu ermitteln. Wobei das eine falsche Ausdrucksweise ist, die sich etabliert hat. Es wird nämlich festgestellt, welche Genitalien das Kind haben wird. Und genau so sollte es auch bezeichnet werden. Denn: Geschlecht und Genitalien, das ist nicht dasselbe, das sind keine Synonyme. Und wenn Eltern sich dabei komisch fühlen, ihrem Umfeld zu berichten: *„Jaaa, also wir haben den Genitalien-Check gemacht und es wird einen Penis haben!"*, dann sollten sie wohl damit aufhören.

Wie absurd es ist, auf diese Art von Ungeborenen zu erzählen, zeigt sich mit dieser anderen Wortwahl. Warum gehen wir davon aus, dass alle Kinder cisgeschlechtlich und heterosexuell sind? Schauen Menschen in einen Kinderwagen, kommen bei einem kleinen Jungen schnell Aussagen wie: *„Der wird später vielen Mädchen den Kopf verdrehen!"* – Aber was, wenn er schwul ist? Was, wenn sie trans ist? Genau solche Aussagen stecken Kinder direkt in vorgefertigte Rollen. Auf die Spitze wird das bei „Gender-Reveal-Partys" getrieben, also bei Veranstaltungen, bei denen das „Geschlecht" des Babys offiziell mitgeteilt und gefeiert wird. Dann fliegt hellblaues Konfetti durch die Luft oder ein rosaroter Glitzerregen vom Himmel. Wie ist ein Junge?! Wie ist ein Mädchen?! Oder anders gesagt: Wie haben sie zu sein? Kindern wird von

Anfang an – ab ihrer Geburt – eingebläut, welche Eigenschaften zu ihren Genitalien passen.

Bei meiner Geburt wurde das Geschlecht „männlich" festgestellt, was für mich in einer vorgegebenen Rolle resultierte. Wenn ich Dinge aufzeige, die in meiner Kindheit nicht ideal gelaufen sind, kritisiere ich nicht per se meine Familie, sondern die Strukturen der Gesellschaft, die auch meine Verwandten erst entlernen mussten und müssen. Ich bin nicht in einer wundervollen Welt der geschlechtslosen Erziehung aufgewachsen. Dennoch hatte ich Freiheiten. Die ersten Jahre – soweit ich mich überhaupt erinnere – hat es mich nicht besonders interessiert, welches Geschlecht ich habe und was das nun für mich bedeutet. Das, was ich retrospektiv sagen kann, ist, dass sich vieles falsch angefühlt hat. Damals dachte ich aber, dass das eben so sei, sich so gehörte. Und andere Jungs bestimmt auch gern mal ein Kleid oder hohe Schuhe anhätten oder ihre Haare lang tragen wollten. Ich war immer fasziniert von den Zöpfen der Mädchen mit langen Haaren. Wenn sie im Sportunterricht vor mir liefen, war ich hypnotisiert von den glänzenden Haaren, die von rechts nach links schwangen. Oder von meiner liebevollen Oma, die stets topgestylt war. Der rote Lippenstift, die hohen Schuhe. Sie hatte so viel Glamour und Grazie. Genau so wollte ich auch eines Tages sein. Aber geht das? Es schien wie ein sehr, sehr ferner Traum. Eher wie einer, der immer unerreichbar bleiben würde. Etwas, was ich in meiner Fantasie mit einem Handtuch auf dem Kopf als Haarattrappe leben konnte. Aber in der Realität? – Niemals. Ein Satz, der damals mehrfach über meine Lippen ging, war: *„Mein Leben wäre einfacher, wäre ich als Mädchen geboren."* Dass ich als Mädchen geboren wurde, nur in einem Körper, der anders aussieht als der vieler Mädchen, habe ich damals nicht verstanden.

Ich habe ein X- und ein Y-Chromosom. Ich habe mit meinem Bruder im Garten Tore geschossen und mit meiner

Schwester Modenschauen veranstaltet. In meiner Kindheit habe ich mir nämlich wirklich keine Gedanken darüber gemacht, was nun zu meinem Geschlecht „passt" und was nicht. Ich habe einfach getan, was mir Spaß machte. Mit den Jahren kamen aber immer mehr Unverständlichkeiten auf, Dinge, die mich und wahrscheinlich auch andere irritierten: Warum wird mir im Geheimen eine neue Puppe geschenkt? Warum kann ich nicht mit meinen Freundinnen in die Sportumkleide? Warum schauen Menschen mich anders an als die anderen Kinder? Stimmt etwas mit mir nicht?

Und das ist der Punkt, bei dem sich etwas verändern muss: der Umgang mit Kindern. Kindern müssen gleiche Chancen geboten werden und der Freiraum, einfach das zu tun, was sie wollen. Egal, welches Geschlecht sie haben. Und da können wir uns wohl fast alle an die eigene Nase fassen. Sobald eine Schwangerschaft verkündet wird, ist oft die erste Frage: *„Und, was wird es? Wünschst du dir ein Mädchen oder einen Jungen?"* – Was für ein Quatsch. Und wie irrelevant. Auch ohne medizinische Expertise würde ich behaupten, dass das Geschlecht ziemlich egal ist, bevor ein Kind in die Pubertät kommt. Es gab 2018 ein Experiment, für das Babys gegensätzlich zu dem Geschlecht, das ihnen bei der Geburt zugewiesen wurde, stereotypisch „männlich" und „weiblich" gekleidet wurden. Babys sind ja sonst optisch sehr geschlechtsneutral. Je nach Farbe der Kleidung wurden den Kindern von Teilnehmenden unterschiedliche Charakterzüge und Lieblingsspielzeuge zugeordnet. War das Baby blau gekleidet, war angeblich ein Auto das liebste Spielzeug, war der Strampler rosa, angeblich eine Puppe. Absurd, was Erwachsene Kindern aufzwingen. Nur wenn Kinder die nötige Offenheit um sich spüren, können sie zu einer Generation heranwachsen, die weniger von Sexismus geprägt ist. Und das sollte doch eigentlich ein Wunsch sein, der uns alle eint.

In meiner Teenagerzeit dachte ich, meine Rolle als schwuler Mann gefunden zu haben. Kein dramatisches Outing, trotzdem in der Schule viel polarisiert. Die einen liebten mich, die anderen wollten mich im Spind einschließen oder verprügeln. Aber alles in allem war die Zeit okay. Ich dachte: Das bin ich, so läuft das. Bis ich mit ungefähr 20 Jahren stiller wurde. Gute Freundinnen fragten mich, wo der Rebell in mir geblieben sei. Es war die Zeit, in der ich frisch nach Berlin gezogen war. Um mich herum wurde alles aufgeklärter, feministischer. Aber es ging eben immer nur um Frauen. *„Frauen müssen nachts die Straßenseite wechseln, wenn sie eine Gruppe von Männern sehen."* – Das will niemand bestreiten, aber ein in den Augen der Gesellschaft „offensichtlich" schwuler Mann muss das genauso. Ich will Leid nicht gegeneinander aufwiegen. Aber Feminismus lässt sich nicht so einfach denken, und das wurde mir damals bewusst.

Heute ist die Rebellin aus meiner Jugend wieder da. Nur erwachsen, souverän und nicht mehr ganz so bunt gekleidet.

Meine Anfangszeit in Berlin war nicht leicht. Auch wenn ich sie damals gar nicht so schwierig empfand oder mir zumindest nicht eingestehen wollte, wie es mir wirklich ging. Nicht gut. Ich erbte Geld und arbeitete dadurch nur wenige Tage die Woche. Es funktionierte alles irgendwie, der Automat spuckte immer ein paar Scheine aus. Ich schloss Freundschaften mit Menschen, die herzensgut waren und sind, aber auch sehr gern feiern gingen. Das hat mich mit 18 Jahren – aus der Idylle Lübecks kommend – sehr fasziniert. Solche Partys kannte ich nur aus dem Fernsehen. Partys, auf denen Drogen konsumiert wurden, Partys, die weltberühmt für ihren Exzess waren. Und ich wollte das auch. Denn neben meiner Faszination für das, was dort passierte, war ich naiv. Heute wünsche ich mir manchmal, ich könnte noch so sorglos wie damals Entscheidungen treffen. Erst war ich nur hin und wieder dabei. Und dann immer öfter. Bis ich schließlich jedes Wochenende in Clubs verbrachte. Zurück in meine Wohnung fuhr ich am Montagmorgen mit irgendeiner U-Bahn, und ich übergab mich beim Aussteigen. Heute kenne ich den Grund für mein damaliges Verhalten: Ich hatte wieder für einige Stunden die Gedanken vergessen, die ich so weit von mir weggedrückte, dass ich manchmal gar nicht mehr wusste, dass es sie gab. Denn ich war eine Künstlerin des Verdrängens. In einem Ausmaß, das ich heute stets zu unterbinden versuche. Probleme anzugehen, führt oft zu einer Lösung. Sie aufzuschieben, lässt sie manchmal größer zurückkommen. An dieser Stelle der Weisheit muss ich gestehen, dass ich manche Schwierigkeiten so tief in mir vergraben habe, dass ich bis heute auf ihre Rückkehr warte. Also haben manche Probleme in seltenen Fällen vielleicht doch ein Ablaufdatum. Aber darauf will ich mich nicht mehr verlassen.

„Was ist deine allererste Erinnerung?" Diese Frage hat mir einmal eine Freundin gestellt. Es ist eine gute Frage für den Anfang dieses Buches. Denn meine Erinnerungen machen einen großen Teil davon aus. Nach einigem Überlegen kam ich zu dem Schluss, dass meine allererste wirklich eigene Erinnerung – also nicht durch Fotos hervorgerufen – jene an den Tag ist, an dem meine Schwester nach Hause kam. 1999 im Mai. Sie wurde geboren mit sehr dunklem, vollem Haar und kleinem, rotem Knautschgesicht. Daran erinnere ich mich wiederum nicht selbst, sondern weiß es von Bildern. Meine erste Erinnerung ist, wie ich zu Hause auf sie wartete. Ich bin tatsächlich trotzdem unsicher, ob das alles so stattgefunden haben kann, aber in meiner Erinnerung, in meiner Realität, habe ich mit meinem älteren Bruder und meinem Vater zu Hause gewartet. Ich habe mich unglaublich gefreut. Ich wusste,

die, die da kommt, die ist cool. Und recht hatte ich. Meine Mutter trug sie nach einer gefühlten Ewigkeit endlich über die Türschwelle. Da war sie. Meine beste Freundin, Kritikerin, Vorbild und engste Weggefährtin. Bis sie all diese Rollen eingenommen hatte, dauerte es noch ein paar Jahre, aber der Grundstein war gelegt. Und leicht hatte sie es an meiner Seite definitiv nicht immer. Über die Jahre habe ich realisiert, dass ich als Kind zwar als das kreative der Familie gehandelt wurde, aber dass meine beiden Geschwister mindestens genauso kreativ sind. Die beiden waren dabei nur nicht so laut wie ich. Neben meiner Lautstärke und die meiner ganzen Familie war es für meine kleine Schwester sicher nicht einfach zu bestehen.

Lübeck an der Ostsee, meine Heimat, ist ein wunderbares Städtchen. Leider droht ihm wohl seit einiger Zeit dasselbe Schicksal wie vielen Städten dieser Größe. Vielen jungen Menschen fehlt die Perspektive, also zieht es sie in Metropolen. Die Alten bleiben.

Für mich bedeutet meine Heimat leider auch ein Gefühl der Lähmung. Hier komme ich nicht weiter. Ich liebe meine Eltern, ich liebe es, sie zu besuchen. Aber hier, an diesem Ort, war und ist klar: Ich bin anders. Wenn ich Menschen in den Medien gesehen habe, denen bei der Geburt das Geschlecht „männlich" zugewiesen wurde und die gefärbte Haare hatten und Lippenstift trugen, waren sie die „Paradiesvögel". Die Freaks. Die Lachnummern. Alle zeigten mit dem Finger auf diese Menschen und lachten herzhaft. So habe ich es wahrgenommen. Und eine Lachnummer? Ne, die bin ich nicht. Also sollte ich mich lieber verstecken?

Diese Gedanken tauchten auf, immer wieder. Es war ein innerlicher Kampf, den ich geführt habe. Einer, den mit Sicherheit sehr viele Menschen der queeren Community kennen. Aber bis ich überhaupt an diesen Punkt gelangte, mir solche Fragen zu stellen, ist einiges passiert.

2004: GESCHLECHTSLOSE NAMEN UND DIE ANGST, AUSGELACHT ZU WERDEN

„Luca oder Kim!" – *„Oder Maria? Der Schauspieler heißt doch auch Christoph Maria!"* So oder so ähnlich beratschlagten sich mein bester Freund und ich, beide etwa zehn Jahre alt, während wir im Garten meiner Eltern standen. Wir hatten einen Frosch an einem Bach gefunden und bauten ein Terrarium aus allem, was die Natur so hergab. Wichtig war für unser neues Haustier nun natürlich ein Name. Und so wie wir das Konzept verstanden hatten, musste der Name zum Geschlecht passen. Aber wie finden zwei Kinder das Geschlecht eines Frosches heraus? Google, geschweige denn ein Smartphone, hatten wir nicht. Die Lösung? Der Name musste geschlechtslos sein. Wir zählten alle solcher Namen auf, die wir kannten. Die Wahl fiel schnell auf Luca. Den Namen konnten wir schreiben, weil ein Junge in unserer Grundschule so hieß. Als er in unsere Klasse kam, wurde viel gekichert, und ich war froh einen Namen „für Jungs" zu haben. Durch meine Kinderaugen musste das so sein. Das war, was mir vorgelebt wurde. Ich bin schließlich ein Junge. Oder?! – Nein.

Mein bester Freund aus Kindheitstagen, meine beste Freundin damals und ich – wir waren ein wunderbares Dreiergespann. Jeden Tag nach der Schule riefen wir uns gegenseitig an. Und die Frage war eigentlich nicht, ob wir uns verabreden, sondern wann und wo. Auf die gleiche Grundschule sind wir ohnehin gegangen, also hatten wir schon den Vormittag zusammen verbracht, aber noch nicht genug Zeit miteinander. Ich hätte mir für meine Jugend keine zwei besseren Menschen an meine Seite wünschen können. Die meiste Zeit waren wir draußen und bauten uns Unterschlüpfe, erkundeten die Welt. Eine Plastiktüte mitten im Wald mit unklarem Inhalt konnte uns schonmal einen ganzen Tag beschäftigen. Wenn ich jetzt zurückdenke, erinnere ich mich kaum daran, dass mein Geschlecht eine tragende Rolle gespielt hätte. Wir haben einfach gelebt. Und wir passten uns irgendwie alle aneinander an. Auch wenn ich tendenziell wahrscheinlich eher ihnen nachgeeifert habe. Den ersten Schluck Bier, die ersten Dating-Erfahrungen und ganz viel absurden Quatsch haben wir miteinander geteilt. Die beiden gaben mir Halt und gleichzeitig ein Gefühl von Freiheit. Es war eine idyllische Kindheit.

Mich Menschen anzupassen ist ein Verhaltensmuster, das sich durch mein Leben zieht. Auch wenn ich als rebellisch und laut wahrgenommen wurde, gab es diese bestimmten Menschen, die ich ungewollt auf ein imaginäres Podest stellte. Die Meinung dieser Personen stand plötzlich über der der anderen. Und vor allem auch über meiner eigenen. Die Angst, nicht gemocht, akzeptiert oder im schlimmsten Fall sogar ausgelacht zu werden, trat seit meinen Teenagerjahren immer wieder auf. Denn zu dieser Zeit wurde ich sehr viel belächelt. Mein Schutzmechanismus war Provokation. Hauptsache, keine Schwäche zeigen. Mit dieser Angst habe ich mich mittlerweile auseinandergesetzt. Und ich werde in diesem Buch noch darauf zurückkommen.

2010: ERSTE VORBILDER, UNSER ROLLENVERSTÄNDNIS UND DER BEGINN EINES VERSTECKSPIELS

Mit den Jahren verstand ich, dass es nicht jedem Jungen so geht wie mir. Nicht jeder Junge hatte die Wünsche, die ich hatte. Und wie alle Millennials, die als Jugendliche nicht ins Raster passten, flüchtete ich mich ins Internet. Dort fand ich schnell Menschen aus aller Welt, die ähnliche Wege zu gehen schienen, wie ich es mir erträumte. Gigi Gorgeous war mein größtes Vorbild. Trotz Zuweisung des männlichen Geschlechts bei der Geburt so provokant, so selbstbewusst – das wollte ich auch. Und genau das lebte ich dann. Nicht ganz so viel Make-up, nicht ganz so glamourös. Eben die Kleinstadtvariante. In der Schule stieß das auf sehr unterschiedliche Reaktionen. Polarisieren und provozieren – das wollte ich. Genau wie mein Vorbild online. Faux-Lederleggings, Nietenschuhe und platinblonde Haare – das war meine Art von Schuluniform. Ich wollte, dass die Leute gucken. Ich wollte, dass die Leute eine Reaktion zeigen. Alles andere wäre für mich zu langweilig gewesen. Wie meine Mutter damit umgegangen ist? Sie hat mir die Haare gebleicht und online Nieten bestellt. Sie hat mich mit schrecklichen Augenbrauen aus dem Haus gehen lassen. Ich weiß bis heute nicht, wie sie mir das antun konnte. Außerdem habe ich, um meine Wangenknochen zu akzentuieren, dieselbe Farbe wie für meine tief dunklen Augenbrauen verwendet – optisch eher Matsch als Mode. Von Make-up hatte ich damals wenig Ahnung. Ich war die Kleinstadtversion aus einer Kleinstadt mit scheinbar sehr wenigen Spiegeln. Oder ich hatte einfach eine falsche Vorstellung davon, wie ich wirklich aussah. Ich bin unsicher, ob meine Familie ernsthaft etwas gegen mein Styling unternommen hat. Aber eines weiß ich sicher: Wenn sie es versucht haben sollten, dann hätte es mich nur noch mehr darin bestärkt. Denn ich wollte Reaktionen. Und ich nahm auch die meiner Familie. Nur zu Feiertagen, da wusste ich stets, wie ich auszusehen hatte. Je älter ich wurde, umso öfter wurden solche Tage zu tränenreichen Sinnkrisen. Meine Haare, die ich immer mal wieder wachsen ließ, band ich streng zurück. Alles, was ich an Bart hatte, betonte ich. Um dann von entfernten Verwandten gefragt zu werden, wann ich nun endlich eine Freundin mitbringen würde. Denn ich wurde als Teenager nach wie vor in die Rolle eines „Mannes" gesteckt. Ein Mann bringt eine Frau mit, ein Mann trägt eine teure Uhr, ein Mann ist stark, ein Mann liebt Sport. Damals habe ich mit meinem Bruder im Garten Fußball gespielt. Und das gar nicht mal so schlecht. Ich hatte auch Spaß dabei. Trotzdem erinnere ich mich, als ich eine Partie schiedsrichtern sollte, dass ich mich eher damit beschäftigte, besonders schöne rote und gelbe Blätter zu sammeln, um diese zu verteilen. Dass die Spielenden diese gar nicht einstecken und behalten müssen, hatte ich damals nicht verstanden. Expertise hatte ich nicht, sagen wir es so. Ich möchte an dieser Stelle Giovane Élber grüßen und sagen, dass ich sein Bayern-Trikot immer gern getragen habe. Mein Vater hatte leider ein Problem mit dem Verein: Er ist HSV-Fan. Vielleicht mochte ich den „Erzfeind" Bayern München auch nur, weil ich damit meinen Vater provozieren wollte. Eine steile These, und ich würde es meinem Kinder-Ich definitiv zutrauen. Giovane Élber möchte ich damit kein fußballerisches Talent absprechen, er war sicher ein super Spieler. Wahrscheinlich habe ich mich mit Fußball überhaupt nur der Spieler wegen beschäftigt. An einem Grillabend habe ich meiner Mutter stolz verkündet, dass ich einmal einen Fußballer daten wolle. Ich als Spielerfrau, da sah ich mich. Funktioniert hat das bis heute nicht.

Die Grundschule hatte ich zu dieser Zeit bereits abgeschlossen, und ich bin auf ein Gymnasium umgeschult worden. Das Gymnasium, auf das schon meine Mutter gegangen war. Und wie es auf einer Gratulationskarte stand: *„Jetzt beginnt der wirkliche Ernst des Lebens."* – vielleicht ist das sogar wahr. Aber nicht wegen des komplizierter werdenden Lernstoffs, nicht wegen der näher rückenden Entscheidung, welche berufliche Laufbahn eingeschlagen wird, sondern wegen der Pubertät, wegen des Älterwerdens. Kinder werden zu Teenagern. Der Körper verändert sich. Und ich meinte an diesem Punkt verstanden zu haben, was von mir erwartet wurde. Was von Jungs erwartet wurde.

Immer wieder gab es Momente, in denen meine Schwester Dinge tat, die auch ich gern getan hätte. Mit meiner Mutter gemeinsam Bademode ausgesucht, die mir wirklich gefällt, habe ich zum ersten Mal, als ich 26 Jahre alt war. Meine Schwester trug natürlich schon deutlich früher Badeanzüge und Bikinis – wie es eben der gesellschaftlichen Erwartung entspricht. Oh, wie gern ich das damals getan hätte. Immer wieder gab es Momente, in denen ich Dinge ausprobiert habe. Heimlich, versteht sich. Ein Handtuch auf dem Kopf wie eine Perücke, ein weiteres um den Körper gewickelt wie ein Kleid. Oder ich habe mir Kleidung von meiner Schwester geliehen und mich im Spiegel betrachtet. Oder ich habe ausprobiert, wie es sich anfühlt, sich zu schminken. Eines Tages habe ich mir online Extensions bestellt. Das ging erst, als ich in einem Alter war, in dem ich Dinge im Internet bestellen konnte, ohne alle Einzelheiten vorab mit meinen Eltern klären zu müssen. Die Extensions (zur Haarverlängerung) hielten grade so in meinen kurzen Haaren. Online hatte ich eine Person gesehen, die mit kurzen Haaren, Extensions und einer Mütze so aussah, als hätte sie lange Haare. Das wollte ich auch. Und ja, das funktioniert. Dafür werden die künstlichen Haarsträhnen mit Clips an den Kopf geklickt. Mütze drauf, um diese zu kaschieren, und: Da waren sie. Lange Haare. Ich hielt das Ganze mittels zahlreicher Fotos fest. Die Ernüchterung kam, als ich mir mein Werk auf dem Laptop ansah. Denn so, wie ich mich mit den langen Haaren fühlte, sah ich gar nicht aus. Ich fand mich bzw. mein Aussehen peinlich. Dumm. Wie eine Person, die andere auslachen würden.

Wenn ich so etwas ausprobierte, hatte ich einerseits großen Spaß. Denn so wollte ich sein, das war, was ich machen wollte. Aber mir war klar, das muss geheim passieren. Niemand durfte etwas davon wissen. Und wenn ich mich dann so im Spiegel ansah, hatte ich sehr gemischte Gefühle: Auf der einen Seite war ich total aufgeregt, auf der anderen Seite erinnerte es mich daran, scheinbar falsch zu sein. Ich war mir sicher, dass dies niemals das abgeschlossene Zimmer verlassen könnte oder würde. Das, was ich tat, schien verboten, verpönt, peinlich, lächerlich. So wie sich ein Kind, Teenager oder auch eine erwachsene Person niemals fühlen sollte, solange sie etwas tut, was niemandem schadet und der Ausdruck des eigenen Selbst ist. Und dafür tragen wir alle die Verantwortung. Besonders im Umgang mit Kindern. Wer Kindern heute noch binäre, strikte Geschlechterrollen aufzwingt, trägt Scheuklappen, zeigt weder Empathie noch Verständnis. Ich weiß aus erster Hand, wie schlimm es ist, sich als Kind falsch zu fühlen. Um dies in unserer Gesellschaft nachhaltig zum Guten zu wandeln, reicht die queere Community nicht aus. Wir brauchen Menschen, die sich vielleicht nicht direkt betroffen fühlen (wobei es letztlich so ist, dass im Grunde alle Menschen unter diesen starren Kategorisierungen und den damit einhergehenden Erwartungen leiden) und trotzdem aufklären, sich für Veränderung einsetzen. Menschen, die zuhören, reflektieren, die sich für wahre Gleichberechtigung starkmachen. Und dafür brauchen wir Betroffenen vor allem Sichtbarkeit. Und keine negativ ausgelegte Sichtbarkeit, die Vorurteile befeuert. Wir sind keine Paradiesvögel, sondern Menschen.

Es reicht nicht aus, als nicht betroffene Person den Mund zu halten. Schweigen ist in diesem Falle fast genauso schlimm, wie sich queerfeindlich zu äußern oder zu verhalten. Denn Schweigen heißt: Zustimmung zu Missständen und Diskriminierung von marginalisierten Gruppen. Wir brauchen die Mächtigsten und Privilegiertesten unserer Gesellschaft: *weiße*, heterosexuelle, gesunde cis Männer. Wir leben noch immer in einer Welt, in der ihr Wort oft mehr Gehör findet als das von anderen.

Nur, wenn nicht betroffene Personen sich äußern und für andere einstehen, nur wenn sie an der Seite von marginalisierten Gruppen stehen, wird sich etwas verändern. Und es muss sich etwas verändern. Es gibt sehr viele *weiße* cis Menschen, die behaupten, dass die 90er und 00er eine tolle Zeit waren, weil damals alles entspannter war. Eine Aussage, die ich nicht nachvollziehen kann. Sie basiert auf einer egozentrischen Perspektive. Diese Weltsicht zeigt vor allem keinerlei Verständnis dafür, dass – nur weil es einem selbst gut ging und eine Person nicht von rassistischen, sexistischen oder queerfeindlichen Strukturen und Machenschaften betroffen war (oder die Ernsthaftigkeit dieser einfach nicht wahrnahm oder nicht wahrnehmen wollte) – Betroffene sehr wohl darunter litten und es noch immer tun. Noch 2021 besuchte ich eine Veranstaltung, bei der die Chefredakteurin eines der einflussreichsten deutschen Magazine eine Rede hielt. In dieser setzte sie das Infragestellen alter Schriftstücke und Kunst in Bezug auf Sexismus und Rassismus mit der Bücherverbrennung der Nazis gleich. Zudem tat sie zu jedem gesellschaftspolitisch relevanten Thema ihre diskriminierende, ihre eigene Macht und ihren Status verteidigende Meinung kund. Eine dritte Toilette brauche es ihrer Meinung nach sowieso nicht. Sie wünsche sich zuallererst eine saubere. Mich würde brennend interessieren, wann diese reiche, *weiße* cis Frau zuletzt eine dreckige Toilette hat benutzen müssen. Wahrscheinlich in den 90ern, die Jahre, in denen sie so viel Spaß hatte, aber vor allem die Jahre, in denen marginalisierte Personen keine Stimme hatten und sich viele nicht mit Diskriminierung beschäftigt haben. Was diese Aussage aber vor allem zeigt: Dass sich Menschen, die eine solche Meinung vertreten, als einzigen Bezugspunkt und ausschlaggebende Individuen sehen. Ich staune einerseits und bin andererseits schockiert und wütend über die fehlende Empathie, das Aberkennen von

Lebensrealitäten, das Unvermögen, sich in andere Personen hineinzuversetzen oder eine Perspektive einzunehmen, die nicht die eigene ist. Was mich besonders zornig macht, ist, dass marginalisierte Menschen, die sowieso schon Diskriminierung erfahren, von den Auswirkungen dieser Ansichten betroffen sind. Es ist ein Treten nach unten. Denn: Wieso sollten wir eine dritte Toilette einführen? Ich brauche schließlich keine. Ich brauche eine saubere. Und außerdem sagt diese Frau damit: Eure kleinen Problemchen sind irrelevant, seid doch froh, dass ihr hier sein könnt. Seid dankbar. Das ist es, was Marginalisierten immer wieder vermittelt wird. Als würde diesen Personen durch eine dritte Toilette etwas weggenommen, etwas gestohlen.

Aber warum braucht es eine dritte Toilette? Als sicheren Ort. Heute schaut mich niemand mehr schief an, wenn ich die Damentoilette besuche, weil ich als weibliche Person gelesen werde, aber es gab auch andere Zeiten. Da ich bereits einige Phasen durchlebt habe und damit auch sehr verschiedene Wahrnehmungen meiner Person, weiß ich besonders um die Wichtigkeit solcher sicheren Orte. Oder wenigstens so weit als möglich sicheren Orte. Denn: Absolute Sicherheit ist natürlich auch in einer dritten Toilette nicht gegeben. Warum genau solche Toiletten trotzdem notwendig und hilfreich sind und welche eigenen Erfahrungen ich damit gemacht habe, erzähle ich später (ab Seite 150).

Über das Gendersternchen echauffierte sich die Chefredakteurin auf dem Event natürlich ebenfalls. Mit diesem werden übrigens nicht trans Männer oder trans Frauen gemeint. Denn wir sind Männer oder Frauen. Es werden Personen gemeint, die sich auf dem Spektrum des Geschlechts nicht definitiv binär zuordnen. Zum Beispiel nicht binäre Personen, genderfluide Menschen (fließend zwischen den Geschlechtern), Menschen, die agender sind (die zeitweise oder auch das ganze Leben lang keines der Geschlechter haben), oder auch Personen, die inter sind. Es gibt viele unterschiedliche Geschlechtsidentitäten. Und: Alle diese Personen definieren das für sich, manche fühlen sich wohl mit einem dieser Begriffe, andere wiederum nicht. Und das kann sich individuell im Laufe der Zeit auch verändern. Wir sind Menschen, wir entwickeln uns weiter, verändern uns. Warum gibt es nicht Betroffene, die sich daran stören? Damit sprechen sie anderen Menschen ihr Dasein, ihre Erfahrungen und Gefühle ab.

2011: SELBSTERKENNTNIS, SCHOCKIERENDE AUGENBRAUEN UND MEIN OUTING

Eine andere Ikone meiner Jugend war Kim Petras. Im März 2011 saß sie in einer Talkshow. Sie saß dort als „jüngste trans Person der Welt". Sie war damals 18 Jahre alt und: als trans geoutet. Sie sah in meinen Augen zu 100 Prozent cis aus. So, als wäre bei der Geburt das „weibliche" Geschlecht zugeordnet worden. Ich war beeindruckt. Und traurig. Ich war damals 15 Jahre alt, und ich wusste, dass ich mit 18 Jahren niemals so aussehen würde. Meine Pubertät hatte bereits eingesetzt, der Stimmbruch ebenfalls. All das hat Kim umgangen, soweit ich weiß. Weil sie so früh erkannt hat, dass sie nicht cisgeschlechtlich ist, und dadurch den Verlauf der Pubertät unterbinden konnte. Ich bin nicht ihre Ärztin, aber das ist meine Vermutung. Und das war bei mir zu spät. Der Zug war abgefahren. Ich wurde überall als „Junge" wahrgenommen. Den Weg, den Kim ging, konnte ich nicht gehen. Und das war der Moment, in dem ich das trans Sein wirklich kennenlernte, und gleichzeitig der – dachte ich –, an dem ich es schon verpasst hatte. Ich war zu alt. Ich sah bereits aus „wie ein Junge".

Kim ist nach wie vor ganz weit oben auf der Liste derer, die mich inspirieren und faszinieren, und sie ist heute ein Popstar, vor allem in den USA bekannt. Kim hat Giovane Élber definitiv verdrängt.

Und ich? Ich lebte weiter in der dörflichen Idylle mit meiner Familie. Genug Geld, privilegiert, wir hatten keinen Grund, uns zu beschweren. Aber eine Zeit lang war dies sicher auch eher Schein als Sein. Und um diesen Schein zu wahren, wurden Themen nicht angesprochen. Dies war der Weg des geringsten Widerstands. Für mich das präsenteste Thema unter denen, die eigentlich gar keine Themen waren, war meine Queerness. Als ich 14 Jahre alt war, fuhr die ganze Familie nach Nordfrankreich in die Normandie. Die Stimmung war angespannt. Einer der wenigen Urlaube, in denen wir alle nicht so wirklich Spaß hatten. Mit gleich drei pubertierenden Kindern ist so etwas wohl vorprogrammiert. Während des Aufenthalts gab es für mich zwei besonders aufwühlende Momente. Der erste war der, an dem mein Bruder sich lauthals darüber aufregte, wie ich meine Augenbrauen gezupft hatte. Das hatte ich kurz vor dem Urlaub mit einer neuen, „verfeinerten" Technik getan. Retrospektiv sah ich absolut beschissen aus. Damals versuchte ich es noch wegzudiskutieren. Meine Augenbrauen seien schon immer so gewachsen. Wem ich das weismachen wollte? Ich sah aus wie eine misstrauische Comicfigur mit zwei sehr dünnen, weit auseinander gezupften Strichen als Augenbrauen. Ich frage mich, wie es möglich war, dass diese Schandtat erst im Urlaub zur Sprache kam. Auch heute noch zeige ich Fotos aus dieser Zeit, um Leute damit zu beeindrucken, was eine beendete Pubertät, besserer Stil und ein paar Besuche bei einem plastischen Chirurgen verändern können. Neben den Augenbrauen hatte ich nämlich die absolute Pumuckl-Frisur. Und die habe ich mir auf eine besonders einfallsreiche Art zugelegt: Eines Tages überredete ich meine Mutter, dass ich mir zum ersten Mal die Haare tönen durfte. Dazu kaufte ich zwei Packungen Haarfarbe in der Drogerie. Einmal ein Dunkelblond, auswaschbar in sechs Haarwäschen. Und ein Rot-Orange: „Brillante, permanente Haarfarbe". Ich tauschte den Inhalt beider Packungen und beseitigte den Inhalt der Tönung sowie den Umkarton der schrillen Farbe. Ich zeigte meiner Mutter also brav die Verpackung, um dann selbst Hand anlegen zu dürfen. Denn da konnte ja eigentlich nichts schiefgehen! Kaum dunkler als meine Naturhaarfarbe, in sechs Wäschen wieder verschwunden. Wenn da nur diese Tönung in der Packung gewesen wäre, die die Aufschrift beschrieb. Ich zog mich mit einer Freundin ins Bad zurück, auf die ich die Verantwortung schob: *„Sie hat das schon total oft gemacht!"* Ich glaube, besagte Freundin hat bis zum heutigen Tage abgesehen von unserem Experiment weder sich selbst, geschweige denn jemand anderem die Haare coloriert. Wir färbten meine wenige Zentimeter langen Haare, die ohne wirkliche Form in jede Richtung von meinem Kopf abstanden. Und oh Wunder: Die Farbe wurde total rot! Ich hatte keine Erklärung für dieses ungeplante Missgeschick. Das spielte ich auf jeden Fall meiner Mutter vor. Bezaubernd sah ich aus. Absolut bezaubernd. Diese Haarfarbe gepaart mit den Augenbrauen und meinem gewagten, aber nicht gekonnten Kleidungsstil muss ein absoluter Hingucker gewesen sein.

Und genauso schlenderte ich auch durch Honfleur in Nordfrankreich. Ein schönes Städtchen, in dem wir ein kleines Haus gemietet hatten. Und nachdem ich also für meine Augenbrauenkunst bereits zur Rechenschaft gezogen worden war und meine Mutter mich vor einen Spiegel dieses verwinkelten Häuschens zog, um gemeinsam mit mir mein Werk zu begutachten, und darüber schockiert schien, dass ihr dies in dem Maße noch gar nicht aufgefallen war, kam der nächste unvergessene Moment: Es war ein Tag mit trübem Himmel über uns, wir waren früh wieder in unserer Unterkunft, und unsere Laune war schlechter als das Wetter. Es lag Spannung in der Luft. Aber keine gute. Kurze, wahrscheinlich unbedachte Bemerkungen konnten an diesem Tag direkt zu einer Diskussion führen. Wie „subtile" Sticheleien meiner Geschwister, dass irgendetwas total „schwul" sei. Und so wurde die Lage immer angespannter, bis ich mit meiner Mutter allein in einem der Schlafzimmer stand und anfing zu stammeln. Wie so oft in diesem Alter kam ich nur über Umwege zum Punkt. Und der Punkt war, dass ich dachte, schwul zu sein. Die Reaktion meiner Mutter hätte ich eigentlich gern auf Band. Sie sagte mir, dass sie mich nun schon eine Weile kenne und es daher nicht total überraschend käme. Einen Augenblick später brachen auch schon Tränen aus ihr heraus und Liebe über mich herein, und wir umarmten uns. Dennoch hatte sie in ihrem bisherigen Leben nicht viele Berührungspunkte mit der queeren, im Speziellen mit der homosexuellen Community und äußerte Bedenken. Sie sagte, dass sie mich immer tolerieren und akzeptieren werde, aber manche Dinge vielleicht nicht direkt vor ihrer Nase passieren sollten.

Heute wünscht sie sich, ich würde endlich mal wieder jemanden mit nach Hause bringen. Direkt vor ihre Nase. Zeiten ändern sich; und auch sie hat sich weiterentwickelt. Das war mein erstes und einziges Outing im klassischen Sinne. Als „trans" habe ich mich im späteren Verlauf nie geoutet. Meine Eltern im Besonderen und andere mir nahestehende Personen habe ich über die Jahre auf dem Laufenden gehalten. Von einem schwulen Mann, der ich dachte zu sein, entwickelte ich mich zu einem sehr androgynen Menschen und erklärte, dass meine Geschlechtsidentität von der „Norm" abwich – nicht jedoch meine Sexualität. Und damit lag ich grundsätzlich auch richtig.

Das Verständnis dafür, dass ich auf dem Spektrum des Geschlechts noch klarer dem weiblichen Ende zugehörig bin, ließ eine Weile auf sich warten.

Aus der Normandie ging es auf der wahrscheinlich längsten ununterbrochenen Autofahrt meines Lebens – in 17 Stunden und mit sehr viel Stau – zurück an die Ostsee. Ich habe nicht mehr viele Erinnerungen an die Fahrt, außer, dass sie mir ewig erschien, wir uns alle doch recht schnell wieder zusammenrauften und Spiele spielten. Wieder in der Heimat angekommen, kehrten wir in unseren Alltag zurück. Anders war nur, dass ich den Eindruck, ein queeres Kind zu sein, nun ganz offiziell bestätigt hatte. Der Wunsch, meine „Homosexualität" nun auch weiteren Familienmitgliedern zu verkünden, kam in mir nicht auf. Vielleicht aber auch, weil ich sicher war, dass meine Mutter das nicht gewollt hätte. Die Sexualität des 14-jährigen Enkelkindes muss die Großeltern nicht interessieren. Einen Freund hatte ich damals nicht, also keinen Grund, irgendjemanden an Familienfesten vorzustellen. Mit der Zeit kamen dann aber ab und zu Fragen von meist entfernteren Verwandten, wann ich denn mal eine Freundin mitbringen würde. Das waren die Momente, in denen ein potentielles Outing doch zur Debatte stand. Aber ernsthaft überlegt habe ich es wiederum nie. Und ich weiß nicht, warum. Ich denke, weil ich dem Rest meiner Familie einfach zu wenig zugetraut habe. Ich habe ihnen nicht zugetraut, mich dann weiterhin so zu lieben, wie ich es bis dahin erfahren hatte. Heute weiß ich, dass ich ihnen das durchaus hätte zutrauen sollen. Ich hätte auch ihnen die Chance geben können, genau wie meinen Eltern und anderen engen Vertrauten, mit mir zu wachsen. Und nicht erst Jahre später die fertige Phenix vor sie zu setzen. Aber ich spürte immer wieder, dass das Aufklären über meine Queerness eben nicht erwünscht war. Denn meine Eltern und ich waren nicht ganz sicher, wie die Reaktion ausgefallen wäre. Und aus diesem kurzen Zögern wurden Jahre des Schweigens. Der Zug war irgendwie abgefahren, ein weiteres Mal, so schien es. Rückblickend hätten wir ihn immer wieder zurückholen können. Aber über meine queere Identität wurde ein Mantel des Schweigens gelegt. Und eigentlich funktionierte das ganz gut. Im Auto auf dem Weg zu Familienfeiern sprachen wir oft darüber. Meistens kicherten wir dabei. Wie traumatisch das Schweigen für mich war, wollte niemand sehen, also lachten wir es weg.

Dieses Schweigen gipfelte in einem Versteckspiel: Noch vor dem Abi hatte ich einen Freund. Einen vernünftigen Typen. Meine Mutter und ich spielten mit dem Gedanken, dass wir ihn vielleicht einfach mitnehmen könnten und ich ihn auch den anderen vorstellen sollte. Denn wenn der Rest der Familie direkt diesen vernünftigen Menschen an meiner Seite sehen würde, entstünden vielleicht weniger Horrorszenarien darüber, mit wem ich mich denn da nun rumtreibe. Passiert ist das letztendlich nie. Heute weiß ich gar nicht mehr so genau, warum das so war. Besagter Freund besuchte mich regelmäßig in meiner Heimatstadt und später, als wir beide in Berlin wohnten, fuhren wir gemeinsam auf Besuch zu meinen Eltern. Er genoss das Familienleben sehr, da er selbst keine Geschwister hatte. So holten wir meine kleine Schwester oft mit dem Auto von privaten Partys ab, zu denen sie damals so gern ging. Und meinem damaligen Freund machte es unglaublich viel Freude, dort aufzutauchen und den Aufpasser zu mimen.

An einem Tag, an dem wir in Lübeck zu Besuch waren, war mein damaliger Freund mit meiner Mutter alleine zu Hause. Ich frage mich, wo ich damals war, aber ich war unterwegs. Ebenso unerklärlich ist mir heute, warum mein Freund mich nicht begleitete. Jedenfalls waren nur die beiden im Haus, als unangekündigter Besuch vor der

Tür stand: meine Großeltern. Die, denen wir nach wie vor nicht gesagt hatten, dass ich queer bin und einen Freund habe. Einen Freund, der sich in der oberen Etage auf dem Balkon versteckte, damit ihn niemand sah. Er sollte meine Großeltern kennenlernen, aber das Ganze sollte etwas besser geplant werden und nicht wie eine Ausrede meiner Mutter wirken, die ihren jungen Lover versteckte. Darüber, dass es so hätte aussehen können, haben wir sehr gelacht.

Solche Situationen haben mich und meinen Umgang mit meiner queeren Identität geprägt. Dennoch würde ich behaupten, dass sich all das nicht enorm negativ auf mich ausgewirkt hat, wie es potentiell hätte passieren können. Ich weiß, dass mein familiäres Umfeld damals genauso überfordert war wie ich. Wir sind zusammen daran gewachsen. Nicht nur an meinem Dasein und meiner Entwicklung, sondern gemeinsam an allen Hürden, die wir überwunden haben. Ein Grund mehr, weshalb wir jetzt einen so tollen Zusammenhalt haben.

2013: DAS OUTING VON GIGI GORGEOUS UND MEINE VERSCHWIMMENDE ZUKUNFT

Im Internet outete sich Gigi Gorgeous als trans. Ich war verwirrt. Ich war oft verwirrt. Vom Fußballregelwerk, aber auch von Gigis Outing. Da ganz besonders. Zwei Jahre zuvor hatte mich die Geschichte von Kim Petras in einen Strudel aus für mich nicht zuordenbaren Gefühlen katapultiert. Gigi hatte mich in gewisser Weise aufgefangen. Ihretwegen fühlte ich mich darin bestärkt, meinen Weg als „schwuler Mann" gehen zu können. Ich wollte genau so sein, ich eiferte Gigi nach. Und dann zu sehen, dass mein Vorbild so gar nicht glücklich war, sondern eine Frau ist, hat das Bild kaputt gemacht, das ich von mir selbst hatte.

Wie ich mir meine Zukunft ausmalte und vorstellte – so konnte sie also doch nicht sein? Damit möchte ich keinesfalls absprechen, dass cis Männer sich aufwendig stylen dürfen. Natürlich dürfen sie das, ich finde es super, wenn sie das tun. Aber mein persönliches Licht am Ende des Tunnels wurde ganz klein. An manchen Tagen habe ich es nicht mehr gesehen, wenn ich ehrlich bin. Wenn Gigi eine Frau ist, bin ich dann auch eine? – *„Nein. Auf keinen Fall!"*, redete ich mir ein. Das kann nicht sein. Wie sollte ich jemals diesen Weg gehen?! Gigi wirkte für mich immer wohlhabend. Und das Geld schien ihren Transitionsprozess deutlich zu vereinfachen. Wenigstens redete ich mir ein, dass es hauptsächlich eine finanzielle Sache wäre. Heute weiß ich: nicht zwangsläufig. Ich als trans Mensch muss mich nicht sämtlichen Operationen unterziehen, um mich wohl zu fühlen. An dieser Erkenntnis arbeite ich jedenfalls, weil ich der Überzeugung bin, dass durch mehr Selbstakzeptanz automatisch mehr Zufriedenheit einkehrt. Chirurgisch kann das natürlich unterstützt werden, der psychische Aspekt ist aber der wichtigere. Letztendlich sind dies gesellschaftliche Ideale, die auch cis Menschen oft nur in genetischen Einzelfällen ohne Nachhilfe erfüllen können.

2018: MEIN FRAUSEIN, DER MOMENT DES EINGESTÄNDNISSES UND DIE GESCHICHTE MEINES NAMENS

2013 und 2018. Diese beiden Jahre liegen gar nicht so weit auseinander. Jedenfalls nicht, wenn ich daran zurückdenke, dass es ähnlich prägende Augenblicke gab. 2018 saß ich auf meinem Bett und die Verzweiflung darüber, wie mein Leben weitergehen sollte, gipfelte in einem bzw. eigentlich mehreren Heulkrämpfen. Zu dieser Zeit habe ich schlichtweg keine Zukunft für mich gesehen.

Denn: Wie sollte das gehen? So weiterzuleben wie bisher hatte für mich keinen Sinn mehr. Rückblickend brauchte ich genau diesen Moment. Ich musste mir bewusstwerden – oder anders gesagt: eingestehen –, dass ich nicht weiter als „Mann" leben konnte – egal, wie unmöglich mir der andere Weg schien, egal, wie schwer es werden würde. Ich hatte es so lange versucht, bis ich keine Kraft mehr hatte, diese Fassade aufrechtzuerhalten. Es war also auf gewisse Weise ein Alles-oder-nichts-Moment. Wobei „alles" an der Stelle relativ ist, aber dazu komme ich gleich noch. Die andere Option war das „nichts", und heute kann ich kaum mehr beschreiben, wie sich das angefühlt hat. Aber wenn ich überlege, wie ich damals über meine Zukunft nachgedacht habe, habe ich im Grunde nur mehr Dunkelheit gesehen. Und diese Dunkelheit war keine wirkliche Option. Die einzige andere Möglichkeit war, mein Frausein mutiger auszuleben. Das schien für mich jahrelang komplett unvorstellbar. Aber in diesem einen Moment war die Unmöglichkeit eines offenen Lebens als Frau in Relation zur Unmöglichkeit, mein Leben so weiterzuführen wie bisher, geringer. Pragmatisch, wie ich bin, war die Entscheidung getroffen: Leb' dich aus. Sei du selbst. Ehrlich und authentisch. Alles andere würde nicht mehr funktionieren. Mein Umfeld wird damit klarkommen – und wenn nicht, wird sich auch das irgendwie lösen. Außerdem wusste ich sicher um den Rückhalt meiner Schwester und anderer mir nahestehender Menschen. Mit ihnen hatte ich nämlich immer wieder über meine Wünsche und Bedürfnisse gesprochen. Und so habe ich angefangen. Schritt für Schritt. Denn ich wusste, viele dieser ersten Schritte sind nicht irreversibel. Als Menschen sollten wir uns ausprobieren, die Komfortzone verlassen. Erst dann geht das Leben richtig los. Und ich habe mir immer wieder gesagt: Menschen auf der Straße wissen gar nicht, wie ich sonst aussehe. Die nehmen mich als

Mensch in diesem Moment wahr. Ihnen ist nicht bewusst, wie aufregend es für mich ist, „femininer" auszusehen als bisher. Ich habe meine Haare wachsen lassen, meine Fingernägel manikürt. Es dauerte nicht lange, bis ich mit High Heels das Haus verließ und sie nicht mehr nur heimlich trug. Und wenn ich High Heels sage, meine ich wirklich hohe Schuhe. Keine halben Sachen.

All diese Dinge waren große Schritte für mich. Was heute selbstverständlich wirkt, waren damals unüberwindbar scheinende Hürden. Wie schon erwähnt: Da ich mich nur wenigen Vertrauten wirklich öffnete, zog ich die Kraft dafür aus deren Unterstützung und vor allem mir selbst. Besonders meine Schwester hat mich in allem und zu jeder Zeit unterstützt. Sie hat nie schief geguckt, nie angezweifelt, ob ich etwas tragen sollte oder nicht. Ihr war es immer am wichtigsten, dass ich mich wohl fühle. Kurz darauf kam auch der Moment, an dem ich meinen Eltern erzählt habe, dass das, was an mir „anders" ist bzw. was von der „Norm" abweicht, nicht meine Sexualität, sondern meine Geschlechtsidentität ist. Nicht auf wen ich stehe, sondern wer ich bin. Ich bin eine Frau.

Auf dem Weg zu mir selbst stolperte ich immer öfter über meinen Namen und meine Pronomen (damals wurde noch „er/ihn" für mich verwendet). In mir entstand ein Konflikt: Ich glaube im Grunde nicht daran, dass Namen „männlich" oder „weiblich" sind oder sein müssen. Alle sollten jeden Namen haben können. Um diesem Konzept nicht zu folgen, sollte ich eigentlich bei meinem Geburtsnamen bleiben. Aber ich merkte immer mehr, dass dies für mich keine Option ist. Ich möchte gern eine Vorreiterrolle übernehmen, aber in der Gesellschaft, in der wir aktuell leben, traue ich mir das diesbezüglich nicht zu. Selbst in der Berliner Bubble der Aufgeklärten nicht: einen gesellschaftlich „männlichen" Namen als Frau zu tragen. Der

Grund ist vor allem, dass ich trans bin. Kein Fakt, den ich dauerhaft zu verstecken versuche, aber es gibt viele Situationen, in denen es für mein Wohl und meine Sicherheit besser ist, nicht klar als trans wahrgenommen zu werden. Würde ich bei einem „männlichen" Namen bleiben, würde es Menschen wahrscheinlich deutlich schwerer fallen, die richtigen Pronomen „sie/ihr" für mich zu verwenden. Keineswegs ist es meine Aufgabe (das kann ich heute so sagen – eine Entwicklung, die gedauert hat), das Leben meiner Mitmenschen so einfach wie möglich zu gestalten. Mein persönliches Glück und Wohlsein stehen an erster Stelle. Ich merke, wie kräftezehrend das Leben als trans Frau auch ohne die zusätzliche Hürde eines „männlichen" Namens sein kann bzw. sehr oft ist. Sich ständig überall erklären zu müssen. Täglich treffe ich auf Menschen, die annehmen, sie seien die Einzigen, die mir eine Frage bezüglich meines trans Seins stellen. Das Ganze dann auch noch mit einem Namen, der gesellschaftlich Männern zugewiesen wird? – Diese Kraft habe ich nicht.

„X Æ A-12" – ist das ein Name der Zukunft? Musikerin Grimes und ihr Mann Elon Musk nannten so ihr erstes gemeinsames Kind, das am 4. Mai 2020 geboren wurde, große mediale Aufmerksamkeit inklusive. Egal, wie sehr Menschen Angst vor Veränderung haben und an „Traditionen" festhalten wollen: Fakt ist, dass niemand aus diesem Namen Herkunft oder Geschlecht lesen kann. Eine Tatsache, die ich absolut erstrebenswert finde. Würde ich wiederum mein Kind so nennen? – Das wage ich zu bezweifeln. Einen Namen zu haben, der von einer mathematischen Formel nicht zu unterscheiden ist, scheint mir umständlich. Vielleicht sieht das in 20 Jahren anders aus und ich feiere mit meinen Kindern C-3PO und $a^2 + b^2$ Weihnachten. Wer weiß!

Aber wie würde ich mein Kind nennen? Auch darüber habe ich nachgedacht. Ich habe viele Visionen, in welche

Richtung sich unsere Gesellschaft verändern sollte. Dennoch kann ich mich als Einzelperson nicht übernehmen. Außerdem steht bei dieser Frage natürlich das Kindeswohl an erster Stelle. Solange Eltern für ihr Kind, dem das weibliche Geschlecht zugewiesen wurde und dem der Name Tim oder Oskar gegeben wird, mit großen Problemen rechnen müssten, würde ich dies nicht verantworten wollen. Ich glaube jedoch nicht, dass sich Namen verändern müssen, um zukunftsgeeignet zu sein. Unser Umgang mit ihnen sollte sich verändern. Keineswegs möchte ich einfordern, dass kleine Mädchen von heute auf morgen Sven heißen sollen, aber wir müssen uns öffnen. Wie schön wäre es, wenn eine trans Person während der Transition nicht den Geburtsnamen ablegt, weil die Gesellschaft so offen ist, dass alle mit allen Namen akzeptiert und respektiert werden. Wir müssen weg von der Vorstellung, dass Mädchen Rosa tragen und Blümchen lieben, Jungs nur Blau tragen und Fußball spielen. Ein Baustein dieser freien Entfaltung sollten auch die Namen sein.

Pragmatisch wie eh und je stellte ich mir die Frage, wie ich diese Schwierigkeiten für mich persönlich angehen könnte: Ich habe einen ganz wunderbaren Freundeskreis, der hauptsächlich aus schwulen Männern und tollen Frauen besteht. Ein absoluter Safe Space, ein Raum, in dem ich mich sehr, sehr sicher fühlen kann. Wir haben eine Chatgruppe, in der wir uns über alles Mögliche austauschen und uns zu fantastischen Abenden in zahlreichen Berliner Bars und Restaurants verabreden. Ich weiß, es ist immer jemand für mich da, wenn ich es brauche. Und genau in diesem sicheren Raum wollte ich auch das Problem rund um Namen und Pronomen angehen. Ich war mir sicher, dass diese Menschen Verständnis für mich haben würden. Also verfasste ich eine Nachricht:

„Ihr Lieben, ich möchte etwas ausprobieren. Ich möchte wissen, wie ich mich mit den Pronomen ‚sie/ihr' fühle. Und bitte nennt mich ‚Phenix' – ich sage Bescheid, wie es mir damit geht oder wenn sich an diesem Wunsch etwas ändert."

Daraufhin haben sie mir liebe Nachrichten geschrieben und sofort von meinem Geburtsnamen auf Phenix und von „er" auf „sie" umgestellt. Ich habe bis heute nicht darum gebeten, wieder etwas daran zu ändern oder diesen Versuch zu beenden. Nicht überall hat das so reibungslos funktioniert. Ich merkte schnell, wie richtig sich der neue Name und die Pronomen angefühlt haben. Also beschloss ich, weitere Freundinnen einzuweihen und sie darum zu bitten, mich anders anzusprechen. Schwierig war für mich vor allem, nach außen schamlos zu zeigen, wie ernst es mir war. Ich hatte extreme Angst vor Ablehnung und davor, dass Menschen mich belächeln, sich über mich lustig machen oder annehmen, ich würde scherzen. In einigen Fällen war diese Befürchtung gerechtfertigt. Es bedeutete eine große Überwindung für mich, mehr und mehr Personen von diesem Wunsch zu erzählen. Es kostete mich umso mehr Kraft, mich wiederholen zu müssen: Wenn ich mich Menschen gegenüber geöffnet hatte, sie mich scheinbar nicht ernst nahmen und ich das Thema ein weiteres Mal ansprechen musste. Was ich mehrfach erleben musste. Auch mit mir eigentlich sehr nahestehenden Personen, die meine Transition ignorierten und beim alten Namen und Pronomen geblieben sind. Darunter auch Menschen, mit denen ich bereits seit längerer Zeit über meine Gefühlslage gesprochen hatte. Ich weiß nicht, was ihre Intention war, wovor sie Angst hatten oder wodurch eine so große Unsicherheit entstand, dass ich mich mehrmals klar ausdrücken und erklären musste, wie ich angesprochen werden möchte. Es ist auch passiert, dass eine Freundin auf mich zukam und mir sagte, dass sie verzweifelt sei, weil eine andere Freundin meinen Geburtsnamen und die alten Pronomen verwenden würde, sobald ich den Raum verließ. Fast so, als sei mein trans Sein ein Spaß oder das Spiel eines Kindes. Sie fragte mich, wie sie reagieren sollte. Und das ist das Paradebeispiel, übertragbar auf zahlreiche Situationen, von dem ich erzähle, wenn ich gefragt werde, wie nicht betroffene Menschen trans Allies, also Verbündete der trans Community, sein können. Verlasse ich als trans Frau den Raum, und andere Personen sprechen dann von mir mit falschem Namen oder Pronomen: einschreiten! Mit mir verbündet agieren. Für mich einstehen, wenn ich nicht anwesend bin, nicht kann oder nicht mehr kann.

Dass ich mich für den Namen „Phenix" entschieden habe, hat verschiedene Gründe. Der Name ist jedenfalls mehr zu mir gekommen als ich zu ihm. Das finde ich auch sehr schön, weil ich glaube, dass es ziemlich schwer ist, sich als Person – trans oder nicht – einen eigenen Namen auszusuchen. Zum ersten Mal begegnete mir der Name am Kotti, einem der gefährlichsten Orte Berlins, vielleicht sogar Deutschlands. Ich arbeitete in der Nähe in einer hippen Berliner PR-Agentur. Wie junge Leute in Berlin das eben tun: die Kreativszene aufmischen und dabei mittelmäßig bezahlt werden. Wir hatten Mittagspause, freitags waren wir manchmal ganz verwegen und haben uns einen Döner geholt. Das passt nämlich so überhaupt nicht zu den Berliner Kreativen. Die essen eher Chiasamen. Eine Kollegin und ich zogen also los, um für ein paar von uns dieses ausgewogene Mittagessen zu holen. Wir betraten einen überfüllten Kebab-Laden, der Mitarbeiter hatte dafür erstaunlich gute Laune. Wahrscheinlich, weil das Wochenende nahte. Da wir einige Döner bestellten, die außerdem ein paar Extrawünsche beinhalteten, fragte er nach unseren Namen. Dabei hörte er uns allerdings nicht so genau zu, sondern schrieb sympathisch schmunzelnd unsere Namen auf die Alufolie. Auf meinem Döner stand „Phenix". Ich fand's irgendwie cool. Ein Foto davon landete sofort auf meinem Social-Media-Account. *„Hi, ich bin jetzt Phenix!"*, schrieb ich dazu. Damals war das noch ein Scherz. Ich habe nicht geahnt, dass ich diesen Schritt wirklich gehen würde. Ich spürte schon zu dieser Zeit, dass das eigentlich das war, was ich wollte. Getraut habe ich mich jedoch nicht. Ich hatte zu viel Angst vor den Reaktionen anderer. Die Angst, die ich spürte, als ich noch zur Schule ging, begleitete mich weiterhin: ausgelacht und nicht ernst genommen zu werden, sollte ich solche Gedanken und Wünsche äußern. So verließ der Name mein Leben mit dem Wegschmeißen der beschriebenen Alufolie. Aber nicht ganz, im Hinterkopf spukte er weiterhin herum, und heute ist es nicht nur ein, sondern: mein Name.

Aber es gibt noch einen weiteren Grund, der die Entscheidung für meinen Namen beeinflusste: In Berlin lernte ich Leute kennen, die einfach sie selbst waren. So nahm ich sie wahr. Ich fand sie cool, ich bewunderte sie. Eine Freundin veranstaltete eine Partyreihe, auf denen auch Drag Queens auftraten. Das fand ich unglaublich inspirierend. Ich war fasziniert vom Styling, den Perücken, dem Make-up. Lange Zeit hatte ich Berührungsangst, wenn es um Drag Queens ging. Ich hatte Angst, zu viel Gefallen daran zu finden. In meinen Teenagerjahren hatte ich mich, wie bereits beschrieben, immer wieder heimlich an meiner feminineren Seite ausprobiert und sie anschließend jedes Mal weggedrückt oder versucht zu verdrängen. Die High Heels und Kleider, die die Drag Queens anzogen und für die sie gefeiert wurden – das wollte ich auch. Aber in meinem Kopf war auch das eine unüberwindbare Hürde. Frisch nach Berlin gezogen hatte mich

die Freundin, die auch die Partys schmiss, zu Drag Shows mitgenommen. Einmal besuchten wir vor einer solchen Show eine der Queens, um dann gemeinsam zum Gig zu fahren. Ich war auf der Stelle begeistert, als ich die Wohnung betrat: Die Looks, das Make-up, die Perücken – das alles passierte, während ich nach außen noch als vermeintlich schwuler Mann gelebt habe. Diese Drag Queens zu sehen und kennenzulernen, war ein wichtiger Schritt für mich und den Weg, meine Weiblichkeit offener auszuleben.

Bei einem der Gigs traf ich auf eine Person, deren Geschlecht ich nicht sofort lesen konnte, soll heißen: Ich konnte die Person nicht definitiv in die Kategorie „Mann" oder „Frau" einordnen. Ich war mir damals zwar bewusst, dass es zum Beispiel nicht binäre Menschen gibt, aber eine Person kennenzulernen, die nicht cis männlich oder cis weiblich ist, war nicht alltäglich und löste etwas in mir aus. Wir kamen ins Gespräch, in dem sie sich mir als trans Frau outete. Ich fühlte mich mit dieser wundervollen Frau so verbunden. Damals konnte ich noch nicht einschätzen, warum. Heute weiß ich es: Sie hat mir gezeigt, dass ich auch noch in einem Alter, älter als Kim Petras damals in der Talkshow, eine Transition starten kann. Das erleichterte mich unterbewusst sehr.

Es dauerte sicher noch drei Jahre, bis ich nach der ersten Begegnung mit diesen inspirierenden Personen Hand an meinem eigenen Gesicht anlegte und mich zur Drag Queen schminkte. Damals unter dem Deckmantel eines zur Unterhaltung dienenden Videos. Denn ich hatte nach wie vor Probleme damit, mich zu positionieren und zu sagen: *„Ich wäre gern eine Drag Queen, ich möchte das ausprobieren."* Dennoch versuchte ich es wenigstens. Und ich hatte so, so viel Spaß dabei. Auch wenn die Kunstform, sich in eine Drag Queen zu verwandeln, Make-up-Skills verlangt, die ich damals definitiv noch nicht hatte, stürzte ich mich in diese Welt. Mehr Perücken, mehr Schminke, mehr High Heels. Ich hatte endlich einen Grund, all diese Produkte zu kaufen. Ich wollte schließlich eine Drag Queen sein.

Bei Nacht in einem Berliner Club. Dazu diese glitzernden, auffälligen Outfits und zu coolen Songs performen, während die Masse jubelt. Drag Queens sind so erhaben – Königinnen eben. Eines Tages probierte ich also zum ersten Mal aus, wie es sich anfühlt, mich als Drag Queen zu stylen. Mit dabei natürlich: meine Schwester. Sie musste das Ganze schließlich auch fotografisch festhalten. Am selben Abend war ich mit einer sehr guten Freundin und ein paar Leuten unterwegs. Erst war ich ein wenig schüchtern, aber dann zeigte ich meiner Freundin die Fotos von mir in Drag, die am selben Tag entstanden waren. Sie war total aus dem Häuschen und raunte stolz zu mir rüber, ob sie diese den anderen zeigen könne, weil es so gut aussehen würde. Etwas zaghaft stimmte ich zu. Eine der ersten Fragen war: *„Und wie heißt du als Drag Queen?"* Darauf hatte ich keine Antwort. Also veranstalteten wir mit dem einen oder anderen Drink mitten in der Nacht ein Kreativmeeting. Schnell tauchte der Name „Phenix" in dieser Diskussion auf. Und wer dann letztlich die Idee hatte oder wann genau, weiß ich nicht mehr. Wir einigten uns auf „Oh'Phelia Phenix". Fand ich super. Ich erstellte einen Social-Media-Account und plante weitere Looks. Fürs Erste wollte ich mein Make-up und meine Outfits perfektionieren, bevor ich auch nur daran dachte, in einem Club aufzutreten. Dazu kam es letztendlich nie. Ich arbeitete weiter an meinem Make-up, organisierte kleine Fotoshoots und blieb dabei für Drag-Queen-Verhältnisse ziemlich natürlich. Und irgendwann merkte ich, was das Problem war: Ich lebte keine Kunstpersona aus, sondern mich selbst. Meine eigene Identität. Das war nicht Oh'Phelia Phenix, das war ganz einfach ich. Also

beendete ich meine Drag-Queen-Karriere, bevor sie überhaupt richtig angefangen hatte. Denn bevor ich mit Geschlechterrollen kokettieren konnte, musste ich mir selbst erst einmal bewusst werden.

Nachdem ich dem Drag-Queen-Dasein abgeschworen hatte, weil mir klar geworden war, dass es für mich in diesem Moment zu weit geführt hätte, wusste ich wiederum, dass ich mich trotzdem gerne stylen würde, mich meiner Weiblichkeit widmen. Nur nicht als Oh'Phelia Phenix, sondern als ich selbst. Um das zu tun, habe ich mir immer wieder sichere Räume gesucht. Das erste Mal, als ich mich getraut habe, so das Haus zu verlassen, war am Geburtstag eines sehr guten Freundes. Geplant war der Besuch eines Restaurants, einer Bar, und im Anschluss wollten wir in einen der bekanntesten Berliner Clubs. Ich überlegte Wochen im Voraus, was ich tragen würde. Aus heutiger Sicht eigentlich ein langweiliges Outfit, damals aber war es aufregend, die Planung, das Wissen darum, dass ich mir wieder einen Schritt näher kommen würde. Meine Haare waren gerade lang genug, dass sie, mit Mittelscheitel und hinter die Ohren gestylt, fast als Bob durchgingen. Und ich legte ordentlich Make-up auf. Es war kaum weniger als bei meinem Styling zur Drag Queen, aber genau das sind die fließenden Grenzen, die ich liebe: Ab wann ist es Drag, bis wohin eine Person, die sich gern auffällig stylt? Ich klebte falsche Wimpern auf meine Lider und schminkte schwarze, rot ausgeblendete Smokey Eyes. Kurz ausgedrückt: sehr viel Make-up. Ich habe es geliebt. Und wie so oft spürte ich große Angst. Wovor genau, konnte ich damals nicht klar benennen. Aber es war wohl die bekannte Furcht davor, dass sich jemand über mich lustig machen würde oder ich Ablehnung erfahren könnte. Um Anfeindungen in den öffentlichen Verkehrsmitteln zu vermeiden, fuhr ich mit einem Taxi zum Restaurant. Mein

Outfit war schwarz, von Kopf bis Fuß. An besagten Füßen trug ich eines meiner ersten Paare Schuhe mit hohem Absatz, zumindest eines der ersten, das ich wirklich für mich gekauft habe.

High Heels faszinieren mich seit jeher. Ich würde behaupten, High Heels und lange, lackierte Fingernägel gehören zu meinen Leidenschaften. Ich mag es, Kassiererinnen zu beobachten, die mit langen Nägeln selbstverständlich jede Taste treffen, und Frauen anzuschauen, die auf ihren Heels schweben wie Engel auf einem Laufsteg. Eine Begeisterung, die ich bereits als Kind empfand. Mein allererstes Paar habe ich mit ca. 17 Jahren gekauft. Ich war mit einer guten Freundin in einem Fast-Fashion-Geschäft, und sie war eigentlich diejenige, die nach Schuhen für sich suchte. Wir standen vor einem Regal, in dem nur noch ein einziges Paar lag. Größe 36. Das war mir damals schon zu klein. Aus irgendeinem Grund kaufte sie die Schuhe damals nicht, obwohl sie ihr gefielen, und auch ich fand sie schön. Sie waren schwarz und wirklich sehr, sehr hoch, mit Keilabsatz. Die Schuhe gingen mir nicht mehr aus dem Kopf, und teuer waren sie nicht. Als ich an dem Tag ins Bett ging, dachte ich an sie. Beim Aufstehen drehten sich meine Gedanken noch immer um sie. Also traf ich die Entscheidung, sie zu kaufen. Ich bin zurück in die Mall gegangen, hinein in den Laden, wo die Schuhe immer noch alleine im Regal standen, als hätten sie auf mich gewartet. Ich nahm all meinen Mut zusammen und holte das Paar aus dem Regal. Langsam schlenderte ich durch den Laden, die Schuhe in der Hand, als seien sie gar nicht meine. Nach mehreren Runden schaffte ich es, mich zu überwinden, und machte mich auf zur Kasse. Zum Glück stand dort keine Person, die ich kannte. Manchmal arbeiteten dort nämlich Schülerinnen aus den Jahrgängen über mir. Auch solche, die sich am meisten den Mund über mich zerrissen. Ich versuchte, mich möglichst unauffällig zu verhalten. Die Schuhe? – Für meine Schwester, falls jemand fragen sollte. Es fragte natürlich niemand. Also verließ ich glücklich das Geschäft mit meinem ersten Paar High Heels in der Tasche. Was ich nun mit ihnen machen würde, wusste ich nicht so genau. Außer, dass ich sie in meinem Zimmer tragen würde. Mit Stolz. Und genau das tat ich dann auch.

Tatsächlich kamen sie aber auch außerhalb meines Kinderzimmers zum Einsatz. Ungefähr ein Jahr, nachdem ich sie gekauft hatte, wollte ich meine Modelkarriere in Gang bringen. Und auf diesem Weg hat es mich nach London gezogen. Weil: Deutschland? Ach, der Markt wäre doch gar nicht bereit für mich, den Superstar des Modehimmels. Also flog ich mit zwei Freundinnen, von denen eine bereits bei einer deutschen Agentur unter Vertrag war, nach Großbritannien. Süß, diese Idee. Wir gingen zu renommierten Modelagenturen, zu den wirklich großen im Business, und stellten uns vor. Wir suchten die Adressen im Internet und zogen los. Heute bin ich zutiefst beeindruckt von dem Selbstbewusstsein, das ich in diesem Alter offenbar an den Tag gelegt habe. Ich spazierte mit den billigen Heels und meinen spindeldürren Beinchen, die damals wiederum sehr modelesque waren, in die krassesten Modelagenturen der Branche. Damals verstand ich mich als androgyn. Es waren die Zeiten, in denen Andreja Pejić der Modewelt zeigte, was möglich ist. Sie war eines meiner absoluten Vorbilder. Sie präsentierte sich genauso wie ich als androgyner Mensch, der entweder Herrenanzüge oder Brautkleider tragen konnte. Allen diesen Kleidungsstücken konnte sie auf dem Laufsteg etwas ganz Besonderes verleihen. Und das wollte ich auch. Ich hatte jedoch relativ kurzes Haar, und meine Pubertät, die „männliche" Entwicklung, hatte bereits eingesetzt. Als ich davon erfuhr, dass Andreja diese bei sich unterbunden hatte – weil sie spürte, dass dies nicht der richtige Weg für sie gewesen wäre –, war ich enttäuscht. Es war ein ähnliches Gefühl wie zu dem Zeitpunkt, als ich Kim Petras im Fernsehen gesehen hatte. Ich befürchtete, dass es für mich zu spät war. So würde mich niemand ernst nehmen. Aber gut: Mit der Erwartung, die nächste Andreja Pejić oder Cara Delevingne zu werden, betrat ich eine Agentur nach der nächsten. Und mit der Illusion, dass mich eine dieser Agenturen unter Vertrag nehmen würde. Legendär. Denn nein, keine dieser Agenturen hat nur einen Funken von Interesse gezeigt. Auch wenn ich in die verschiedenen Arten und Formulierungen der Absagen teilweise Interesse hineininterpretiert habe.

Zurück zum Geburtstag des Freundes in Berlin und damit zu einem weiteren Paar High Heels. Ich trug die neuen Schuhe und das beschriebene Make-up. Mein Taxi stoppte vor dem Restaurant, und ich stieg mit wackeligen Knien aus. Ich war nervös, aufgeregt. Im positiven Sinne. Zweifel hatte ich nur wenig. Denn bei diesem Freund und den übrigen Leuten, die dabei waren, handelt es sich um Personen, bei denen ich mich grundsätzlich sehr sicher fühle. Und so wurde der Abend ein Erfolg. Von einem Kompliment zum nächsten schwebte ich durch die Nacht. Beflügelt von diesen Ereignissen schaute ich bestimmt einmal zu oft in ein leeres Glas, aber das tat dieser Nacht keinen Abbruch. Denn es war ein weiterer wichtiger Schritt auf dem Weg zu mir selbst. Mir ist es wichtig zu betonen, dass mich Make-up oder Styling nicht mehr oder weniger zu einer Frau machen. Es ist mir ein Anliegen, dies zu differenzieren: Ich bin eine Frau. Egal, wie ich mich zurechtmache. Daran lasse ich auch aus Selbstschutz keine Zweifel. Wie ich mich als Person schminke oder anziehe, ist lediglich ein Ausdruck. Es ist die Art, wie ich mich als Individuum gern präsentiere. Und diese wird von der Gesellschaft mit meinem heutigen Auftreten als klar „weiblich" definiert und wahrgenommen.

Zweifel daran, ob ich eine Frau bin, oder Überlegungen dazu, wo genau ich auf dem Spektrum des Geschlechts stehe, lasse ich oft nicht zu, um sicherzugehen, dass ich ernst genommen werde. Auch wenn es traurig ist, stelle ich immer wieder fest, dass Menschen wie ich, die klar eines der beiden binären Geschlechter aufweisen, es in unserer Gesellschaft einfacher haben. Aber meiner Meinung nach sind wir alle irgendwo auf diesem Spektrum, im Kosmos von Geschlecht, unterwegs. Wir sind niemals etwas zu 100 Prozent.

Um ernst genommen zu werden, hat sich auch meine Internetpräsenz verändert: Früher habe ich sehr viel öfter Späße gemacht und mich selbst zum Clown. Darauf verzichte ich heute oft. Auf der einen Seite, weil ich erwachsener geworden bin. Die schelmische Kindlichkeit bricht nur noch hin und wieder aus mir heraus. Obwohl ich humorvoll bin und auch glaube, dass es mir guttut, mich selbst und Situationen, in denen ich mich wiederfinde, mit Humor zu sehen. Auf der anderen Seite unterlasse ich es, um mir und meinen Anliegen Gehör zu verschaffen. Ich erlebe, dass ich durch mein Frausein per se mehr dafür kämpfen muss, dass mir zugehört wird und ich nicht nur wie ein Püppchen wahrgenommen werde. Als trans Frau kommt ein weiterer Aspekt hinzu. Denn in den Medien bekamen trans Frauen lange Zeit nur als Grundlage von Witzen einen Platz. Die Veränderung diesbezüglich ist im Gange, und ich hoffe, einen Teil dazu beizutragen. Auf Repräsentation und wie wichtig diese ist, werde ich in einem eigenen Abschnitt ab Seite 186 eingehen. Den Vorverurteilungen, die trans Frauen und ganz generell trans Menschen erleben, die auf vielen Ebenen stattfinden (als Frau, als gestylte Frau, als trans Person), wirke ich entgegen, indem ich mich besonders eloquent ausdrücke, meine Körperhaltung und Mimik stets unter Kontrolle habe. Mein trans Sein bietet genug Angriffsfläche. So jedenfalls meine Annahme.

Wenige Monate nach dem Geburtstag und meinem mutigen Styling stand die Berliner Pride, der Christopher Street Day, kurz bevor. Das ist dieser eine Tag im Jahr, an dem ganz Berlin zum Kampf für die Rechte der LGBTQIA+ Community und zum Zelebrieren des Erreichten in Regenbogenfarben getaucht wird. Außerdem ist es ein Tag, von dem ich wusste: Ich kann mich ausleben. Ich kann aussehen, wie ich möchte. Es ist ein ähnliches Gefühl wie das an Halloween oder zu Fasching, von dem ich noch erzählen werde – auch wenn es natürlich um etwas völlig anderes geht. Nicht zu vergessen ist, dass aufwendiges Styling von queeren Menschen genau wie Drag-Kunst auch immer einen politischen Aspekt hat. Ein Zeichen gegen Unterdrückung. Für viele sind diese Anlässe, an denen es gesellschaftlich akzeptiert ist, sich zu verkleiden und gegebenenfalls mit Geschlechterrollen zu spielen, eine Brise Freiheit. Vor allem für die, die aus verschiedenen Gründen nicht offen damit umgehen können. So war es für mich damals auch. Die Pride ist im Hochsommer, also musste das Outfit luftig und praktisch sein, aber trotzdem aufwendig und stylisch. Die Entscheidung fiel auf ein bodenlanges Regenbogen-Cape. Ich bestellte eine große Flagge, aus der ich das Cape nähte und die ich mit Strasssteinen besetzte. Fertig gestylt und super aufgeregt ging es los. Ich rief ein Taxi und fuhr zu einem Freund, um dort auf der Terrasse einen Drink zu nehmen. Dort angekommen, waren alle begeistert, und ich fühlte mich wunderbar. Meine Nervosität ließ nach, und ich konnte den Tag immer mehr genießen. Und es gab diesen einen Schlüsselmoment. Auf Englisch stellte ich mich mit meinem Geburtsnamen einem Gast vor, die Musik dröhnte in unseren Ohren, und er fragte nach: „Phenix?" – Zuerst wollte ich ihn verbessern, doch dann nickte ich einfach. Und ich war „Phenix". Einmal mehr. Wahrscheinlich hätte er den Namen nicht so geschrieben, aber das ist an dieser Stelle irrelevant. Ich habe nämlich die Schreibweise des Dönerverkäufers übernommen und mich dazu entschieden, das „o" wegzulassen.

Die Verbindung zu diesem, meinem, Namen hat sich seitdem immer weiter vertieft und intensiviert. Ich bin Phenix. Meine Oma nennt mich Phenix. Sobald ich irgendwo meinen Deadname (also den Geburtsnamen) höre, zucke ich zusammen. Mich mit meinem „neuen" Namen vorzustellen, gefiel mir sofort. Schnell war es für mich absolut normal geworden. Außer wenn Kniffel gespielt wurde. Das war in der Umstellungsphase komisch. Denn nicht nur mein Vorname hat sich angepasst, sondern damit einhergehend auch meine Initialen. Wenn ich dann auf den Block nur die Anfangsbuchstaben schrieb, war das ungewohnt. Auch von den Personen, die gegen mich spielten, hörte ich zu dieser Zeit mehrmals: *„Und wer ist das ‚P.'?"* Ich, tatsächlich. Und es hat sich seltsam angefühlt, jetzt das „P." zu sein. Immerhin stand 25 Jahre lang etwas anderes auf dem Kniffelblock. Und in nur sehr wenigen dieser 25 Jahre hatte ich mir eingestanden, mich mit meinem Geburtsnamen unwohl zu fühlen. Also ging mir das erst nicht so leicht von der Hand. Das wiederum hat mich an der Entscheidung zweifeln lassen. Müsste ich mich nicht befreit fühlen und bei jedem Anblick des „P." vor Freude platzen? So hatte ich mir das vorgestellt. Aber nein, ich begann alles zu hinterfragen. Will ich denn das „P." sein? Ja, ich bin Phenix. Ich musste mir jedoch selbst die Zeit einräumen, mich daran zu gewöhnen. Denn nur weil es etwas ist, worüber ich mich sehr freue, heißt das nicht, dass es nach der ersten Euphorie nicht auch Momente der Ernüchterung geben darf. Wenn ich ein neues Fahrrad kaufe, nervt es mich einige Zeit später sicher trotzdem manchmal, auf diesem zu fahren. Gut, vielleicht hinkt der Vergleich ein wenig. Aber es ist doch so: Wir müssen uns diese Gefühle zugestehen. Nicht alles verändert sich schlagartig nur zum Positiven durch die Schritte, die zurückgelegt werden. Es ist eine Achterbahn, ein Auf und Ab, und das ist in Ordnung so. Bei der Transition gab es immer wieder Extreme in meinem Gefühlsleben, und die wird es weiterhin geben. Ich spürte intensives Glück, aber genauso Trauer. Immerhin gibt es auf diesem Weg auch bestimmte Dinge, von denen Abschied genommen wird. Natürlich ist das gewollt, es ist das Richtige, aber trotz allem kann das schwierig sein. Ich glaube, wir dürfen nur nicht zu viel von uns selbst verlangen. Wir müssen es schaffen, unsere Gefühle zuzulassen und abzuwarten, was sie mit uns machen.

Meine Weiblichkeit definiert sich nicht durch Äußerlichkeiten. Aber damit hat es angefangen. Heute habe ich verstanden, dass „Frausein" etwas ganz anderes ist, als ich in meinen Teenagerjahren dachte. Eine Frau bin ich nicht, weil ich lange Haare trage oder mir meine Nägel maniküre, Kleider und hohe Schuhe anziehe. Das sind Oberflächlichkeiten, die unsere Gesellschaft Frauen zuschreibt. Das ist die Rolle, in der wir uns einfinden sollen. Wir alle sind davon beeinflusst. Aber mir ist klar geworden: Ich bin eine Frau. Wie schon angesprochen sind wir nichts zu 100 Prozent. Also darf ich zweifeln, ich darf mich im Kosmos des Geschlechts bewegen, mich weiterentwickeln und dabei auf jedem Schritt des Weges ernst genommen und respektiert werden. Meine Geschlechtsidentität ist nicht abhängig von den Konstrukten und Zuweisungen, die mit „Frausein" oder „Weiblichkeit" verbunden werden. Egal, ob es sich hierbei um äußere Merkmale handelt oder um Eigenschaften, Charakterzüge, Reaktionen und Handlungen, die als stereotypisch „weiblich" gelten.

Genau diese Strukturen sollten dringend hinterfragt und aufgehoben werden. Keineswegs ist jede Person, die High Heels trägt, eine „Frau". Viele dieser Zuordnungen sind vollkommen wirr und absurd. Über die letzten Jahrhunderte haben sich die Kriterien für „Männlichkeit" und „Weiblichkeit" mehrfach gedreht. Crop Tops zum Beispiel, also besonders kurze Oberteile, werden heute Frauen zugeordnet. Der Ursprung dieses Trends findet sich jedoch in Bodybuilder-Kreisen, da die Männer in bestimmten Gyms nicht oberkörperfrei trainieren durften, aber ihre Muskeln zur Schau stellen wollten. Crop Tops kommen also von den „Männlichsten" der „Männlichen". Ähnlich verhält es sich mit Make-up, Röcken und Absatzschuhen: Einst standen sie für Macht und Männlichkeit. Im binären System und bei der Einteilung von Eigenschaften in „männlich" und „weiblich" gab es also stetige Veränderungen. Was heute dem einen Geschlecht zugeschrieben wird, galt in anderen Zeiten als Stereotyp für das andere. Wir sollten uns dieser Entwicklungen bewusst werden. Wir sollten uns damit auseinandersetzen, dass gerade solche Zuschreibungen nicht vorherbestimmt sind, sondern gesellschaftlich festgelegt. Und selbst das nur für eine gewisse Zeitspanne. Dieses System betrifft uns alle, nicht nur queere Personen bzw. die LGBTQIA+ Community.

So viele Jahre nachdem wir Frosch Luca aufgenommen haben, lebe ich mein Leben offen als Frau. Ich bin Phenix; ohne „o" – als Hommage an den Namen, den mir meine Eltern gaben. Ich will mein Leben vorher nicht vergessen oder verdrängen. Aber heute lebe ich anders: freier, offener, souveräner, selbstbewusster.

DIE RECHTE DER LGBTQIA+ COMMUNITY: DISKRIMINIERUNG UND DEMONSTRATIONEN

Im ersten Kapitel dieses Buches habe ich einen sehr persönlichen Einblick in mein Leben gegeben, im Schnelldurchlauf. Diese Art der Erzählung wird sich durch dieses Buch ziehen. Denn ich glaube, mit dem Gefühl, das beim Lesen der beschriebenen Situationen und Erlebnisse entsteht, kann ich Verständnis aufbauen. Wichtig ist mir außerdem, die aktuelle Lage zu beschreiben, in der sich Angehörige der LGBTQIA+ Community befinden, aber auch Wissen zur historischen Entwicklung zu teilen. Woher kommen die Demonstrationen am Christopher Street Day? Wie sieht die Situation heute bei uns aus? Welchen Problemen stehen wir gegenüber? In welchen Bereichen wird besonders häufig über (und ja, auch wirklich: über, und nicht mit) trans Menschen diskutiert?

Der Christopher Street Day ist auch für mich ein bedeutendes Ereignis. Historisch und für die ganze queere Community sind die Krawalle, auf die die Demonstration und die Feier an diesem Tag zurückzuführen sind, sehr relevant.

Natürlich gibt es Erzählungen über Queerness, seit es überhaupt Erzählungen gibt – also bereits vor Christus. In den uns übermittelten und übersetzten Schriften werden queere Liebe und Geschlechtsidentitäten oft im Rahmen enger Freundschaften beschrieben. Noch nicht lange findet eine breitere Auseinandersetzung damit statt, was in weniger *weiß* und christlich geprägten Kulturen anders ist bzw. vor dem Aufzwingen eines heteronormativen Wertesystems war – auch in Bezug auf Erzählungen.

1726 gibt es vermeintlich erste Berichte über einen Mann, der „offen" zu seinem Schwulsein stand. Damals hieß es, er hätte sich seiner Sodomie nicht geschämt. Unter dem Begriff „Sodomie" wurde zur damaligen Zeit sündiges Sexualverhalten, das nicht der Fortpflanzung in der Ehe diente, verstanden. Es handelt sich um ein religiöses, christliches Konstrukt. Heute wird Sodomie im Zusammenhang mit Homosexualität nur selten verwendet und gilt als diskriminierend. Die Bedeutung hat sich stark gewandelt, der Begriff Sodomie bezeichnet mittlerweile den Geschlechtsverkehr mit Tieren. Aber zurück in das Jahr 1726: William Brown wurde laut der Erzählung verhaftet, nachdem er eine Cruising Area in London verlassen hatte. In einem solchen Gebiet, meist Parks oder Parkplätze, treffen sich auch heute noch vor allem schwule Männer für unkomplizierten Sex.

„Ich habe es gemacht, weil ich ihn kannte und weil ich denke, dass es kein Verbrechen ist, zu tun, was meinem Körper gefällt."

Brown wurde dazu verurteilt, in London an den Pranger gestellt zu werden – also öffentlich gefesselt und vorgeführt zu werden –, außerdem erhielt er eine Geldstrafe und musste für zwei Monate ins Gefängnis. Diese Überlieferung gilt heute also als die erste, in der ein Mann seine homosexuelle Liebschaft bestätigte.

Verhältnismäßig offener wurde es in Europa und in den USA in den 1920er-Jahren, in denen es queeren Menschen wenigstens in bestimmten Safe Spaces möglich war, sich auszuleben. Es wurden Songs geschrieben, die Homosexualität zumindest andeuteten, und die Gesellschaft schien sich in eine aufgeschlossenere zu entwickeln. Aber dann kamen die 30er-Jahre, und die LGBTQIA+ Community wurde erneut verfolgt. Und auch nach Kriegsende, bis in die 1960er-Jahre hinein, lockerte sich die Sicht auf Homosexualität nicht wirklich. Viele queere Personen empfanden ihre Sexualität oder Geschlechtsidentität selbst als krank oder minderwertig und versuchten, jegliche Facetten, die von Heteronormativität abwichen, zu verstecken. Ihre Bedürfnisse lebten sie – falls überhaupt – nur heimlich aus. Ein Versuch, für mehr Toleranz einzustehen, war die internationale Zeitschrift „Der Kreis" – darin wurden von 1943–1967 unter Pseudonymen Texte von queeren Autoren veröffentlicht. Meines Wissens ausschließlich von schwulen Männern.

Kommen wir zurück zu den Demonstrationen und Aufständen, denen wir an der heutigen Pride gedenken: Am 19. September 1964 fand in New York City die erste Demonstration für die Rechte homosexueller Menschen statt. Diese Demo umfasste eine Mahnwache, an der zehn Personen teilnahmen. Sie setzten sich gegen die Ausmusterung und Entlassung von Homosexuellen aus der U.S. Army ein. In den USA und Europa gab es in den folgenden Jahren immer wieder öffentliche Proteste, und es schlossen sich Gruppen zusammen, Organisationen entstanden. Im Vergleich zu heute geschah das alles in einem sehr kleinen Rahmen. In den 1960er-Jahren gab es in New York und auch in anderen Städten immer wieder gewalttätige Razzien in sogenannten „Schwulenlokalen". Dabei wurden die Anwesenden aufgereiht, deren Identität festgestellt und teilweise veröffentlicht. Aufgrund von „anstößigem Verhalten" wurden Angestellte, Menschen in „geschlechtsuntypischer" Kleidung oder Anwesende ohne Papiere verhaftet. Grundsätzlich waren Bars für Homosexuelle legal, so auch das Stonewall Inn in der Christopher Street in Greenwich Village. Es geriet ins Visier der Polizei, weil dort hin und wieder knapp bekleidete „Go-go-Boys" auftraten. Das Lokal fiel jedoch vor allem dadurch auf, dass dort Menschen Zutritt hatten, die in anderen queeren Bars keinen bekamen: obdachlose Jugendliche, Schwarze Drag Queens und BIPoCs (Black, Indigenous and People of Color) allgemein, schwule Sexarbeiter und Lesben.

In der Nacht von Freitag, den 27. Juni, auf Samstag, den 28. Juni 1969, wurde ab halb zwei Uhr morgens im Stonewall Inn eine der üblichen Razzien durchgeführt. Ungewöhnlich war daran die Uhrzeit. Normalerweise wussten die Betreibenden vorab Bescheid, und die Razzien fanden am frühen Abend statt, sodass das Hauptgeschäft anschließend ganz regulär weiterlaufen konnte. Vielleicht war genau dies der Auslöser dafür, dass sich die Anwesenden anders verhielten als sonst: Die, die nicht verhaftet wurden, blieben vor dem Stonewall Inn stehen, andere Menschen in der Christopher Street kamen hinzu, und Verhaftete wehrten sich erstmals. Es kam das Gerücht auf, das übliche Schmiergeld wäre in dieser Nacht nicht an die Polizei gezahlt worden. So fingen die Menschen an, Pennys auf die Gesetzeshütenden zu werfen, und aus Münzen wurden irgendwann Flaschen und Ziegelsteine.

Welche Person letztendlich den Aufstand begonnen hat, von wem er ausging, ist nicht sicher geklärt. Es ist anzunehmen, dass sich die Dynamik im aufkommenden Durcheinander durch alle Anwesenden entwickelt hat. Im Besonderen durch drei Personen.

MARSHA P. JOHNSON, SYLVIA RIVERA UND STORMÉ DELARVERIE: DREI IKONEN DER QUEEREN COMMUNITY

Die ersten Steine oder auch Flaschen sollen Marsha P. Johnson und Sylvia Rivera geworfen haben. Johnson wuchs in New Jersey auf, lebte nun im offeneren Viertel Greenwich Village, wo sich auch das Stonewall Inn befand. Sie war Schwarz, trans, Drag Queen, Sexarbeiterin und Aktivistin. Bis heute ist sie eine der bedeutendsten queeren Personen unserer Geschichte.

Sylvia Rivera wurde in New York in eine Familie venezolanischer und puerto-ricanischer Abstammung geboren. Sie wurde als Kind zur Waise. Rivera war ebenfalls trans, und schon in ihrer Grundschulzeit begann sie, Make-up zu tragen. Aufgrund dessen wurde sie im Alter von zehn Jahren von ihrer Großmutter verstoßen und war anschließend obdachlos. Ihr Geld verdiente sie als Prostituierte, und sie wurde von einem New Yorker Drag-Queen-Kollektiv aufgenommen.

Außerdem gibt es Berichte, dass Stormé DeLarverie die Aufstände in dieser Nacht mit ausgelöst hat. Sie war eine lesbische Frau, die in New Orleans als Tochter einer afroamerikanischen Mutter und eines *weißen* Vaters geboren wurde. Ihre Mutter arbeitete als Hausangestellte bei der wohlhabenden Familie ihres Vaters, den sie später auch heiratete. Stormé DeLarverie trat als Drag King auf und ist bekannt für ihre Vorliebe androgyner Kleidung, die sie privat trug – oft wird Stormé als frühes Beispiel einer Entwicklung genannt, in der „geschlechtsneutrale" Kleidung gesellschaftsfähiger und beliebter wurde.

Hier wird deutlich, dass es schlichtweg nicht richtig ist, wenn in verschiedenen Quellen und der Überlieferung ausschließlich von „Schwulenbars" oder der „Schwulenbewegung" gesprochen wird. In dieser Nacht haben u. a. drei Personen den Grundstein für eine gesellschaftliche Entwicklung und den Menschenrechtskampf gelegt, die nicht schwul waren.

Zurück in das Jahr 1969, in die Nacht in der Christopher Street, die Geschichte geschrieben hat. Marsha P. Johnson war zu diesem Zeitpunkt 24 Jahre, Sylvia Rivera 18 Jahre und Stormé DeLarverie 49 Jahre alt. Da in der Vergangenheit vonseiten der queeren Community bei diesen Razzien kein oder nur wenig Widerstand geleistet wurde, war die Polizei überrascht von den Reaktionen. In der Schlägerei wurden die acht ursprünglich angerückten Beamten schnell überwältigt und flüchteten sich in die Bar. Immer mehr Menschen strömten herbei, überall erklang die Parole „Gay Power!". Letztendlich standen 2.000 Protestierende einem Aufgebot von 400 Cops gegenüber. Die Polizei versuchte die Menge auseinanderzutreiben. Menschen, die als „Männer" gelesen wurden und sich gesellschaftlich eher „weiblich" präsentierten, wurden in dieser Nacht zu einer Vielzahl von der Polizei misshandelt. Es gab 13 Festnahmen. Die Lage beruhigte sich erst gegen vier Uhr früh. In den folgenden Nächten kam es in der Christopher Street zu gewalttätigen Protesten, in denen sich die Wut über die Polizeigewalt entlud. Es waren in diesen Nächten tausende Personen, die für die Rechte der LGBTQIA+ Community auf die Straße gingen, beteiligt. Fünf Jahre zuvor, bei der vermutlich ersten Demonstration für die Rechte Queerer, waren es, wie beschrieben, zehn Menschen.

Nun wurden die geballten Kräfte und Emotionen, die bereits lange vor dem Aufstand unter der Oberfläche gebrodelt hatten, für die gesamte Gesellschaft sichtbar. Die Gemeinschaft, die sich durch LGBTQIA+ freundliche Organisationen in den Jahrzehnten gebildet hatte, war die ideale Grundlage für diese offene Befreiungsbewegung. Ende Juli formierte sich die Gay Liberation Front (GLF) in New York, und Ende des Jahres war sie in vielen Städten und Universitäten des Landes vertreten. Mit gestiegener Akzeptanz, wenn auch immer noch weitaus zu wenig, fühlten sich einige Lesben und Schwule ein Stück weit sicherer. Das führte zu einem Ausschluss von trans Personen und BIPoCs aus der Gemeinschaft, vermutlich in der Hoffnung, als Community einfacher in der Gesellschaft, in einem nach wie vor binären und rassistischen System, anzukommen.

Ab 1973 gab es ein Mitgliedsverbot in der GLF für trans Personen, weil sich schwule und lesbische Mitglieder, die sich binär identifizierten, dadurch bessere Chancen für ein Antidiskriminierungsgesetz versprachen. Mit dem Wissen, wie viele Menschen in dieser Nacht vor dem Stonewall Inn gekämpft hatten, die trans und/oder BIPoC waren, ist das unglaublich traurig. Bald darauf entstanden weltweit ähnliche Organisationen, u. a. in Kanada, Frankreich, Großbritannien, Deutschland, Belgien, den Niederlanden, Australien und Neuseeland. Diesem Vorgehen, der Art und Weise, wie die Geschichte umgeschrieben und erzählt wurde, und der Weiterentwicklung in der GLF liegen rassistische und diskriminierende Strukturen zugrunde. Mehrfach marginalisierte Menschen sind am stärksten und auf verschiedenen Ebenen von Diskriminierung betroffen, und sie werden am ehesten unsichtbar gemacht. Auch von Personen, die selbst gewisse Arten von Diskriminierung erfahren. Das ist etwas, was sich auch heute nicht geändert hat. Und anhand dieses Beispiels der Aufstände in der Christopher Street lassen sich diese Strukturen gut erkennen.

In den folgenden Jahren veranstaltete die Organisation Gay Liberation Front in Gedenken an den Stonewall-Aufstand einmal jährlich einen Marsch vom Greenwich Village zum Central Park. Zwischen 5.000 und 10.000 Menschen nahmen daran teil. Damit war die Tradition des Christopher Street Day (CSD) begründet, an dem viele Gay-Pride-Bewegungen seither im Sommer das Andenken an diesen Wendepunkt in der Geschichte der Diskriminierung der LGBTQIA+ Community feiern. Am 24. Juni 2016 hat Barack Obama das Stonewall National Monument zu einer nationalen Gedenkstätte erklärt.

Aber zurück zu den dreien, die maßgeblich zu dieser Entwicklung beigetragen haben. Was wurde aus ihnen? Marsha P. Johnson und Sylvia Rivera gründeten 1970 den Verein Street Transvestite Action Revolutionaries (STAR), um obdachlose Drag Queens und trans Personen zu unterstützen. Der Verein startete in New York, aber schon bald gab es Ableger in anderen Städten. Rivera und Johnson steckten das Geld, das sie mit Prostitution verdienten, in den Verein und konnten dadurch anderen Menschen helfen.

Marsha P. Johnson wurde am 6. Juli 1992 tot im Hudson River aufgefunden. Ihr Tod wurde von der Polizei als Suizid eingestuft. Marshas Umfeld äußerte allerdings Zweifel daran, sodass die Einstufung 2002 rückgängig gemacht und der Todesfall als „ungeklärt" deklariert wurde. Es macht traurig zu wissen, dass das Leben dieser beeindruckenden, inspirierenden Person, die ein so wichtiger Teil unserer Geschichte ist, ein solches Ende gefunden hat.

Sylvia Rivera wurde in den späten 70er-Jahren ein weiteres Mal obdachlos, bis sie 1997 zu einem Transgender-Kollektiv zog und von dort aus erneut junge trans Personen unterstützte. 2002 starb sie an Leberkrebs.

Stormé DeLarverie blieb in den Jahren nach Stonewall ebenso eine wichtige Persönlichkeit der queeren Bewegung und Community. Sie war Türsteherin in verschiedenen lesbischen Bars und Clubs. Bis zu ihrem 85. Lebensjahr. Für viele lesbische Frauen und natürlich auch andere Menschen war Stormé eine Inspiration. Besonders in Sachen Mode und Stil: Sie zeigte der Welt, dass Frauen ebenso als „männlich" deklarierte Kleidung tragen können.

Und heute? In den Jahren nach Stonewall entstanden in immer mehr Ländern Demonstrationen, die an die Geschehnisse in besagter Nacht erinnern und den anhaltenden Kampf für die Rechte der LGBTQIA+ Community in den Mittelpunkt stellen. In Deutschland fanden solche Demonstrationen erstmals am 30. Juni 1979 in verschiedenen Städten mit jeweils etwas unter 500 Teilnehmenden statt. Der größte CSD Europas wurde 2002 in Köln organisiert – mit 1,2 Millionen Beteiligten (Stand 2021).

Grundsätzlich haben sich diese Demonstrationen immer mehr in Umzüge bzw. Paraden entwickelt. Es gibt mittlerweile vieles, was an einem solchen Tag gefeiert werden kann und darf: alles bisher Erreichte, die Gemeinschaft, die eigene Queerness und die der gesamten Community. Es ist schön, wenn das Gedenken an Stonewall heute so positiv stattfindet. Aber es wird oft über die Stränge geschlagen. Ich glaube, dass sehr viele der – vor allem jungen – Teilnehmenden der Pride-Demos gar nicht so genau wissen, worauf dieser Tag beruht. Party, Alkohol, Drogen und Sex stehen im Vordergrund. In gewisser Weise ist das problematisch. Natürlich darf es Partys rund um die Demonstration geben, wir können fröhlich und stolz sein und Fortschritte in der Gesellschaft feiern. Viele von uns fiebern diesem Tag entgegen, denn er bedeutet Freiheit. Wir kommen zusammen, wir sind ausgelassen. Aber: Wir haben noch einen weiten Weg vor uns. Es ist wichtig, dass wir unserer eigenen Demonstration nicht die Ernsthaftigkeit nehmen. In Deutschland haben wir schon viel bewegt, und auch in anderen Ländern haben sich die Lebensumstände und der Alltag der queeren Community verbessert. Dennoch hat es eine wichtige politische Wirkung, am Christopher Street Day auf die Straße zu gehen: Einerseits steht der Kampf für die Rechte der LGBTQIA+ Community, im Besonderen die der mehrfach marginalisierten Gruppen, im Vordergrund. Andererseits wollen wir ein Zeichen setzen, um Druck auf die nationale und internationale Politik auszuüben und den Fokus auch auf Länder wie beispielsweise das naheliegende Polen zu lenken, in dem 2019 sogenannte LGBTQIA+ freie Zonen ausgerufen wurden, die 2021 – erst durch die Ankündigung, unter diesen Umständen EU-Gelder einzubehalten – wieder abgeschafft wurden. Oder Ungarn, in dem die diesbezügliche Aufklärung von Kindern oder Werbungen mit homosexuellen Inhalten verboten sind. Wir brauchen die Kraft der Community, aber vor allem die Kraft und die Stimmen nicht betroffener Menschen, um Diskriminierung nachhaltig abzubauen und Gesetze im Sinne der Menschenrechte zu ändern.

„Transsexuelle Personen mit sexuellem Risikoverhalten" dürfen in Deutschland 2021 kein Blut spenden, auch wenn mittlerweile Pläne zur Gesetzesänderung angekündigt wurden, die es im selben Jahr in den Koalitionsvertrag der deutschen Regierung geschafft haben. Alleine sprachlich sind diese Begrifflichkeiten und die damit einhergehende Unterstellung absolut diskriminierend. Ganz offensichtlich können Menschen jeden Geschlechts und jeder sexuellen Orientierung ein – wie hier entsprechend bezeichnet – „sexuelles Risikoverhalten" an den Tag legen. Und auch der Begriff „transsexuell", der oft verwendet wurde und wird, ist diskriminierend und irreführend, denn: Trans ist eine Geschlechtsidentität, keine Sexualität. Zu den Begriffen und ihren Einordnungen gibt es weitere Informationen ab Seite 213.

Schwule Männer dürfen und durften lange Zeit in zahlreichen Ländern kein Blut spenden. In Deutschland ist es schwulen und bisexuellen Männern seit 2017 erlaubt. Aber nur, wenn sie zwölf Monate keinen Sex mit einem Mann hatten (Stand 2021)! Diese Frist hat keine fachliche Grundlage. Diese Regelung beruht nach wie vor darauf, dass schwule Männer im letzten Jahrhundert eine entsprechend große Risikogruppe für HIV-Übertragungen waren. Auch hier haben wir es noch immer mit Vorurteilen und Diskriminierung zu tun. Längst ist bekannt, dass nicht nur schwule Männer das HI-Virus übertragen können. Dass es noch heute eine Vorschrift gibt, dass homosexuelle und bisexuelle Männer nur Blut spenden dürfen, wenn sie seit einem gewissen Zeitraum keinen Sex mehr mit einem Mann hatten, macht sprachlos. 2022 vermeldete Großbritannien, dass die Anzahl der neuen Infektionen mit dem HI-Virus bei heterosexuellen Menschen die der Ansteckungen bei homo- und bisexuellen Betroffenen übersteigt.

Die Regelung, bei der mit Fristen gearbeitet wird, gibt es auch in anderen Ländern. Hier handelt es sich aber um kürzere Fristen, die sie nicht weniger absurd machen, wie z. B. drei Monate in den USA oder England.

Wenn wir beginnen, solche diskriminierenden Regelungen und Gesetze aufzuzählen, kommt von nicht betroffenen Menschen oft die Frage: *„Ja, aber ist das wirklich so schlimm? Liegt dir denn so viel daran, Blut spenden zu können?"* Mir liegt vor allem viel daran, dass Menschen gleichberechtigt sind. Dass uns klar wird, dass solche Dinge, die andere Personen als Kleinigkeiten einstufen, keine Kleinigkeiten sind. Sie wirken sich aus. Auf unser Dasein, auf den Blick, den die Gesellschaft auf die queere Community hat, darauf, wie mit Personen umgegangen wird, die nicht der „Norm" entsprechen – auch auf unser Selbstbild. Das Wort „schwul" als Beleidigung oder Synonym zu „scheiße" zu verwenden, hat denselben Effekt. Nur weil die Intention nicht zwangsläufig die ist, sich über Homosexuelle lustig zu machen, so verbinden unsere Gehirne trotzdem Abwertung mit dem Schwulsein.

Der gesamte Weg der Transition ist kompliziert und mit Aufwand verbunden, der sehr viel Kraft und Energie kostet. Angefangen dabei, dass das eigentlich weite Spektrum von Geschlechtsidentitäten an einigen Stellen nach wie vor ausschließlich binär verstanden wird. Auch bei der Transition gibt es für manches fachlich darauf spezialisierte Personal nur Mann und Frau. Und nichts dazwischen, keine Fluidität. Zu den zahlreichen Richtlinien und Vorgaben, die eine Transition bestimmen, wurde ich schon oft gefragt, ob diese nicht auch gut seien. Zum Beispiel, damit sich trans Personen vor einer Hormontherapie auch wirklich sicher sind, diese zu wollen. Die Suizidrate von trans Jugendlichen ist 5,87-mal höher als die des Durchschnitts. Das liegt natürlich an vielen Faktoren, an all der Diskriminierung, die trans Menschen erfahren. Und auch der langwierige Weg hin zur eigenen Identität und zum persönlichen Ideal ist Grund für die Verzweiflung. Wir sollten uns fragen, was schwerer wiegt: Depressionen und Suizid auf der einen Seite oder ein Mensch, der sich selbst entdeckt und für eine gewisse Zeit eine Hormontherapie gemacht oder andere Schritte eingeleitet hat, auf der anderen Seite. Die Anti-Baby-Pille ist hormonell stärker einzustufen als eine Hormontherapie. Trotzdem wird sie jungen

AFAB-Personen („asigned female at birth"; Deutsch: bei der Geburt das weibliche Geschlecht zugewiesen) noch heute ohne Weiteres verschrieben, manchen regelrecht aufgezwungen – und das sehr oft ohne die nötige Aufklärung. Natürlich sind die Auswirkungen der Anti-Baby-Pille und einer Hormontherapie innerhalb der Transition andere. Dennoch geht es in beiden Fällen um den Eingriff in den eigenen Hormonhaushalt, für den trans Menschen einen unverhältnismäßig hohen Aufwand betreiben müssen.

Was passiert, würde sich eine Person zur Detransition (Rückgängigmachen der Transition) entscheiden? Ein Name im Personalausweis sollte doch eigentlich einfach abänderbar sein. Stand 2021 wird der Namensänderungsprozess bei einer Detransition gleich wie bei einer Transition gehandhabt (mehr zum Transsexuellengesetz ab Seite 182). Eine Hormontherapie hat nicht unbedingt und bei jedem Menschen irreversible Auswirkungen auf den Körper. Irreversibel können beispielsweise Unfruchtbarkeit oder äußerliche Veränderungen sein, die sich bei Absetzen der „gegengeschlechtlichen" Hormontherapie nicht wieder in den Ursprungszustand verändern. Bei AFAB-Personen wird die Stimme meist tiefer, die sich durch das Absetzen von Testosteron nicht wieder anhebt (mehr zu den Auswirkungen meiner Hormontherapie ist ab Seite 177 nachzulesen). Es geht mir nicht darum, Hormontherapien klein zu reden. Aber die Furcht davor, dass sich eine große Gruppe von Jugendlichen oder jungen Menschen einer Transition unterzieht, weil diese so locker „erhältlich" ist, ist schlichtweg Blödsinn. Einmal mehr. Eine Transition passiert nicht im Vorbeigehen, auch nicht, wenn der Zugang dazu einfacher wird.

Die queere Community ist nach wie vor starker Diskriminierung ausgesetzt. Und genau deshalb braucht es auch heute noch politische Aktionen und Demonstrationen wie die am CSD. Die LGBTQIA+ Community und unsere Allies (also: Verbündete) müssen auf die Straße gehen, solange die Zahl der Gewalttaten, die durch queeren Hass motiviert sind, sogar steigt und nicht weniger wird. 2021 ist ein trauriges Rekordjahr – es war das tödlichste Jahr für trans Personen seit Aufzeichnung. 325 Menschen wurden getötet. 96 Prozent davon Frauen. Die Dunkelziffer ist hoch. Solange ein Drittel aller trans Menschen am Arbeitsplatz benachteiligt wird, solange sich im Fußball kaum ein aktiver Spieler als schwul oder bi outen kann, solange lachend Fotos von mir in der U-Bahn gemacht werden, solange Personen der LGBTQIA+ Community Hass von queerfeindlichen Personen erfahren, müssen wir auf die Straße gehen! Und das nicht nur, um ausgelassen zu feiern, nicht nur für Party, Drogen und Sex. Das geht nach der Demo und an ganz vielen anderen Tagen im Jahr. Denn was ist es, das bleibt? Wie sehen Medienberichte zum CSD aus? Welche Fotos werden genutzt? Natürlich tragen Medien eine große Eigenverantwortung (die sie oft genug nicht wahrnehmen), dennoch ist das Bild, das in den letzten Jahren vom CSD vermittelt wurde, eines, das die angesprochenen Probleme wenig bis gar nicht aufzeigt.

SPORT UND TRANSIDENTITÄT: GEHT DAS ZUSAMMEN?

Neben meiner halbherzigen Leidenschaft für den FC Bayern München hat mich Sport in jungen Jahren tatsächlich recht viel begleitet. Damals präsentierte ich mich noch „männlich" und war daher in verschiedenen „Männer"-Mannschaften unterwegs. Wohl habe ich mich in diesen nicht gefühlt. In einer europaweiten Studie gaben 95 Prozent der Befragten aus der LGBTQIA+ Community an, dass der Sport ein Problem mit Transfeindlichkeit habe. Zum einen kämpfen trans Menschen um Respekt und Akzeptanz im Sport, zum anderen kommt auch immer wieder die Frage der Fairness auf: Was ist fair? Was nicht? Was ist transfeindlich und diskriminierend? Ein Thema, das gerade in „Diskussionen" rund um trans Personen häufig aufgegriffen wird. In manchen Fällen gab es ganze Abhandlungen über das Geschlecht der jeweiligen Person, Vermutungen und Unterstellungen in den Medien zu lesen. Was dazu führte, dass Hormonhaushalte, Grenzen für Testosteronwerte und Co. innerhalb von Wettkämpfen seit mittlerweile Jahrzehnten besprochen werden.

Ich selbst bin weder Sportlerin, Sportwissenschaftlerin noch in irgendeinem Verein Mitglied. Meine Familie ist wiederum sehr sportbegeistert. Tatsächlich vor allem vom Wintersport, der bei uns die gesamte Saison verfolgt und besprochen wird. Als Kind, meine ganze Jugend hindurch, haben wir quasi immer – gefühlt das ganze Jahr – Wintersport geschaut. Sollte ich jemals im Beisein einer Person, die dieses Buch gelesen hat, eine Panikattacke haben, möge diese Wintersportgeräusche nachahmen. Ich bin sicher, das würde mich beruhigen.

Als Jugendliche habe ich mich im Spring- und Dressurreiten versucht. Sogar ziemlich lange. Ich habe prinzipiell viele Sportarten und Hobbies angefangen, und die meisten waren schnell wieder uninteressant, aber Pferdesport hielt mich ein paar Jahre. Warum wohl?

In diesem Alter war ich mir meines trans Seins nicht bewusst, dennoch habe ich gespürt, dass ich mich unwohl fühle: zum Beispiel in gesellschaftlich typisch „männlichen" Rollen. Manchmal habe ich ganz bewusst versucht, sie auszufüllen, um reinzupassen und nicht aufzufallen. Aber nein, das war nicht meins. Dementsprechend war Feldhockey oder Rudern in den jeweiligen „Herren"-Mannschaften nicht mein persönlicher Traum. Beim Tennis und Reiten war das ein bisschen anders. Im Tennis wurde in meiner Altersklasse noch nicht zwischen Jungs und Mädchen unterschieden. Beim Training macht das ohnehin nicht so viel Sinn, und beim Reiten wird in keiner Altersklasse in Geschlechter aufgeteilt. Auch nicht nach dem Geschlecht des Pferdes. Deswegen war das Reiten der Sport, mit dem ich mich unterbewusst wohler gefühlt habe.

Trotz des gemeinsamen Starts haben die Männer im Springreiten oft die Oberhand. Erst 2004 gelang es einer Frau, die Nummer eins der Weltrangliste zu werden. In anderen Disziplinen des Reitsports sind Frauen erfolgreicher. Um den Einzelfall Reitsport soll es hier jedoch nicht gehen, weil es mit ziemlicher Sicherheit die Sportart ist, in der jede trans und nicht binäre Person am ehesten Erfolg haben könnte.

Ich dachte übrigens lange, dass beim Golfen auch nicht unterteilt würde, aber bei den Olympischen Spielen 2016 in Rio de Janeiro gab es ein Turnier für Frauen und eines für Männer. Wenn ich euch also privat mal gesagt haben sollte, im Golf würde nicht unterteilt werden: Sorry, das war eine Lüge. Wird doch. Selbst beim Sportschießen wird in Männer und Frauen unterteilt, obwohl hier cis Männer gegenüber cis Frauen keinen anatomischen Vorteil haben.

Gibt es dann neben dem Reitsport überhaupt einen Sport, in dem nicht in Geschlechter eingeteilt wird, der damit besonders transfreundlich wäre? – Quidditch, eine Adaption des fiktiven Spiels aus der Harry-Potter-Erzählung, ist eine der Sportarten, die gemischte Teams fordert und dabei auch Personen mit nicht binärer Geschlechtsidentität explizit einschließt. Quidditch-Vereine distanzieren sich mittlerweile sogar von der Autorin der Bücher, die mehrmals durch transfeindliche Aussagen auffiel, und auf deren Erzählung dieser Sport beruht. Und: Es gibt tatsächlich aktuell noch Sportarten, bei denen bei den Olympischen Spielen 2020 nur Frauen zugelassen waren: Synchronschwimmen und Rhythmische Sportgymnastik. Das dürfen die Männer nicht.

Bei so gut wie allen Sportarten wird in Geschlechter unterteilt. Das hat wiederum Auswirkungen auf den Umgang mit trans Personen im Sport. Und anhand der Bewertungen und Diskussionen, denen trans Menschen in diesem Bereich ausgesetzt sind, lässt sich der gesellschaftliche Blick auf queere Geschlechtsidentitäten gut darstellen. Aber warum wird eigentlich in Geschlechter unterteilt?

Es wird unterteilt, weil es historisch bedingt soziale Einschränkungen für Frauen gab. Vor allem, wenn wir von den letzten Jahrhunderten ausgehen. Frauen dürfen in Deutschland seit gut hundert Jahren wählen. Da wurden sie vorher auch nicht bei Olympia bejubelt. Es gab damals Vorgaben – wie sollte es anders sein –, was Frauen bei solchen Veranstaltungen, auch als Zuschauerinnen, zu tragen hatten, wo sie sich aufhalten durften und wo nicht. Im Jahr 1900 gab es die erste weibliche Olympiasiegerin: die Schweizer Seglerin Hélène de Pourtalès. Es gibt leider kein Foto von diesem Wettkampf, auf dem sie zu sehen ist. Deshalb ist nicht ganz klar, was sie an Bord tat. Es ist schwer vorstellbar, dass Hélène de Pourtalès eine aktive Rolle eingenommen hat, da neben ihr einige Männer auf dem Schiff waren, die die Tätigkeiten wahrscheinlich übernommen haben. Aber das können wir nicht wissen. Danach war der Kampf noch ein langer, bis Frauen im Leistungssport wirklich akzeptiert wurden. In manchen Ländern ist die Teilnahme von Frauen bis heute ein Tabu bzw. schlicht nicht vorgesehen. Es gab noch nach dem Zweiten Weltkrieg Widerstände gegen Frauen bei Olympia. Nach dem Zweiten Weltkrieg! Der ist nicht besonders lange her.

Ein weiterer Grund, warum in Geschlechter unterteilt wird, basiert auf der Physis, also den körperlichen Eigenschaften. Und genau da liegt auch der Kern der Diskussion, wenn es um trans und inter Menschen im Sport geht.

Aber beschränken wir uns noch kurz auf cis Menschen: Cis Männer sind durchschnittlich ca. 12 cm größer als cis Frauen und 10 bis 20 kg schwerer. Außerdem haben cis Frauen durchschnittlich einen höheren Anteil an Fettgewebe und weniger Muskelmasse. Die anatomischen Unterschiede könnte ich jetzt noch detaillierter auflisten, aber das würde den Rahmen sprengen.

Durch die späte Etablierung von Frauensport stiegen die Rekorde um 1980–1990 wahnsinnig schnell an, und in der Wissenschaft wurde prognostiziert, dass Frauen spätestens im Jahr 2050 Männer im Hochleistungssport überholen würden. Das wird nicht so eintreten, weil damals nicht alle Faktoren einbezogen wurden. Die Rekorde sind nämlich aufgrund der Enttabuisierung von Frauen im Leistungssport derart rasant angestiegen. Je mehr Frauen der Zugang zu Leistungssport ermöglicht wurde, umso sprunghafter stiegen anfangs auch die Spitzenleistungen. Um die Jahrtausendwende flachte diese Leistungsexplosion im Frauensport ab, sodass nun davon ausgegangen wird, dass sich der Gender Gap aufgrund der genetischen Unterschiede nicht aufheben lässt. Aber genetische Unterschiede gibt es auch innerhalb von cis Frauen und cis Männern. Wie werden diese berücksichtigt?

Wenn wir zeitlich sehr weit zurückgehen würden, wäre es spannend, uns anzusehen, warum sich diese anatomischen Unterschiede entwickelt haben. Auch das würde zu weit führen. Wichtig ist natürlich, dass die Wissenschaft mittlerweile so weit ist, dass wir wissen: Zwei Geschlechter reichen für alle individuellen anatomischen Unterschiede zwischen Menschen nicht aus. An welchen Werten wird gemessen, welcher Mensch in welchem Team spielt? Genitalien? Hormone? Das würde aber wiederum bedeuten, dass trans Menschen nur valid sind, wenn sie Hormone einnehmen, und das ist Quatsch.

In den USA gab es zuletzt viele Diskussionen um den Schulsport bzw. Sport-Events von Jugendlichen. Trans Mädchen sollten nicht bei cis Mädchen mitmachen dürfen. Anführer dieser Meinung, natürlich, wie sollte es anders sein: alte, *weiße* Männer. Die Begründung: Es sei unfair. Trans Mädchen hätten einen Vorteil. Ihre Geschlechtsidentität wird in Frage gestellt, da sie angeblich nur verkleidete Jungs seien, die den Erfolg im Damen- und Mädchensport suchen. In einem Interview wurde ein „Kritiker" befragt, ob es denn passieren würde, dass „bewusst betrogen wird". Er konnte von keinem Fall berichten und kam ins Stottern. An anderer Stelle wurde behauptet, es hätte ein unfaires Basketballspiel gegeben, weil eine Spielerin des Siegerteams trans sei. Es stellte sich nach Ermittlungen heraus: Das war eine Lüge. Alle Spielerinnen waren cis, also allen wurde das weibliche Geschlecht bei der Geburt zugewiesen. Die Vermutung liegt nahe, dass hier versucht wurde, ein Beispiel für Unfairness durch trans Sportlerinnen zu kreieren, um die eigene haltlose Argumentationsweise zu stützen.

In der Praxis resultieren diese Diskussionen in „Sex testings" (engl. sex = bei der Geburt zugewiesenes Geschlecht), bei denen die Genitalien der – in diesem Fall – Sportlerinnen untersucht werden. Teilweise spielt auch der Hormonspiegel eine Rolle.

Es gab in den USA in den letzten Jahren mehrere Fälle, in denen wild diskutiert wurde, ob trans Jugendliche einen Vorteil haben oder nicht. Wenn es um Vorteile geht, geht es meist nur um trans Mädchen oder Frauen. Um trans Männer geht es sehr selten, da diese eher einen anatomischen „Nachteil" haben.

In mehreren Fällen laufen Gerichtsverfahren, und es gibt unzählige Presseberichte, in denen die Identität von jungen trans Frauen besprochen wird. An zahlreichen

Stellen werden sie misgendert, also als „männliche Athleten" bezeichnet. Und genau solche Situationen halten – meiner Einschätzung nach – viele trans Jugendliche entweder vom Sport fern oder das Outing wird eine Unmöglichkeit. US-amerikanische Befürwortende des Verbots für trans Menschen im Sport bauen ihre Argumentation auf der Befürchtung auf, trans Jugendliche würden die High-School-Sportwelt stürmen und cis Mädchen hätten keine Chance mehr. Aber meine Recherche ergibt: Das ist ganz einfach Blödsinn. Das passiert nicht. Es gibt nach wie vor nur vereinzelt trans Menschen im Leistungssport. Die bereits angesprochene Studie belegt, dass 95 Prozent von Transfeindlichkeit und 96 Prozent von Homofeindlichkeit in der Sportwelt berichten. An dieser Stelle können wir nachdenken, warum das „Überfluten" des Leistungssports durch trans Personen nicht ins Haus steht. Einerseits: Wie sollen sich queere Menschen im Sport wohl fühlen? Aber darum geht es letztendlich nicht, denn selbst wenn der Sportbereich an seinen trans- und homofeindlichen Strukturen arbeitet, werden nicht plötzlich tausende trans Menschen im Leistungssport aktiv werden. Es ist vielmehr so, dass das Leid und die Erfahrungen, die mit trans Sein einhergehen, keine Person freiwillig auf sich nehmen würde, nur um sich einen Vorteil zu verschaffen.

Es gibt in mehreren Ländern – u. a. auch in einigen Bundesstaaten der USA – Rückschritte, was den Umgang mit trans Menschen betrifft. Hormontherapien für minderjährige trans Menschen werden nicht mehr gestattet oder sie drohen überhaupt verboten zu werden. Für viele Betroffene ist das ein Horror. Weil genau in dieser Zeit die Pubertät anfängt. Das kann sehr traumatisch sein. Und alle Argumente zu dieser Thematik beiseite: Warum soll ein solcher Schritt nicht einfach nur von der betroffenen minderjährigen Person, den Erziehungsberechtigten und dem jeweiligen medizinischen Fachpersonal entschieden werden? Warum mischen sich Regierungen ein? Ich verstehe es nicht.

Für viele trans Menschen, die im Leistungssport aktiv sein wollen, bedeutet das, wie eben am Beispiel der USA erklärt, sehr viel Arbeit, ein starkes Nervenkostüm und einen unbändigen Willen. Denn mit offenen Armen werden wir in der Sportwelt nicht empfangen. Eine Person, die sich durchgekämpft hat, ist Renée Richards. Eine US-amerikanische Tennisspielerin, die trans ist. Sie wurde 1934 geboren und sie bekam das männliche Geschlecht zugewiesen. Als sie erkannte, dass sie trans ist, nannte sie sich Renée, weil dies auf Französisch „Die Wiedergeborene" bedeutet. Ich sehe Parallelen zu Phoenix, die aus der Asche auferstand, und damit auch zur Grundlage meines Namens: Phenix. Renée präsentierte sich bereits im College weiblich, was als Perversion galt, und so hatte sie große Probleme mit ihrer Geschlechtsidentität. In den Fünfzigern und Sechzigern fehlte vielerorts Verständnis und Aufklärung. Nach der Mitte des 20. Jahrhunderts hatte sie dann ihre ersten Erfolge im Profisport. Zu der Zeit spielte sie noch gegen Männer. Anfang der 70er-Jahre machte sie eine Pause vom Sport und ließ ihre Geschlechtsangleichung durchführen. Anschließend wollte Renée zurück zum Profisport. Und das gestaltete sich, wie wir uns alle vorstellen können, nicht sonderlich einfach. 1976 wollte Renée Richards an den US Open teilnehmen, verweigerte aber den Chromosomentest, der durchgeführt werden sollte, um das Geschlecht der Spielerin festzustellen. Daraufhin wurde sie von den US Open, Wimbledon und den Italian Open ausgeschlossen. Sie klagte dagegen. Die Kraft und Leidenschaft, die sie dafür aufgebracht haben muss, bewundere ich sehr.

Sie klagte mit der Begründung, dass ihr Ausschluss dem New York Human Rights Law widersprach und ihre Weiblichkeit invalidiert würde. Wie schon an anderer

Stelle kam bei transfeindlichen Individuen durch die Teilnahme Renée Richards' die Angst auf, cis Männer würden sich geschlechtsangleichenden Maßnahmen unterziehen, um an Frauen-Profisport teilnehmen und gewinnen zu können. Und wieder komplett unbegründet. Es wurde entschieden, dass trans Frauen wie Renée Richards einen Vorteil hätten, sie sollte den Test erneut machen, willigte ein und das Ergebnis führte dazu, dass sie nicht teilnehmen durfte. Es gibt noch ein kleines Happy End: Im Jahr darauf entschied ein Richter, dass es diskriminierend und unfair gewesen sei, Renée zu dem Test zu zwingen. Sie sei weiblich. Punkt. So durfte sie an den US Open teilnehmen. Leider verlor sie im Einzel in der ersten Runde, aber im Doppel kam sie bis ins Finale. Danach war sie noch eine Weile innerhalb der Weltspitze unterwegs und beendete 1981 ihre Karriere.

Kommen wir zu einem Fall, den ich selbst am Fernseher verfolgt habe. Ich sag's ja: sportbegeistertes Elternhaus. Die Leichtathletik-WM 2009 in Berlin. Der 800-Meter-Lauf der Frauen. Gold holte Caster Semenya, eine Sportlerin aus Südafrika, von der mein jugendliches Ich damals sofort fasziniert war. Unter anderem wegen der Berichterstattung zu ihrer Person. Vor allem nach der Goldmedaille ging es so richtig los: Ist Semenya inter? Darf sie bei den Frauen starten? Ist die Medaille unter fairen Bedingungen gewonnen worden?

Schon vor dem WM-Lauf machten Gerüchte die Runde, dass die Läuferin eventuell intergeschlechtlich sei. Als Indizien wurden die ungewöhnliche Leistungssteigerung innerhalb nur eines Jahres, die tiefe Stimme und das angeblich maskuline Aussehen genannt. Nach dem Sieg wurden geschlechtsüberprüfende Tests gefordert. Semenya sei eine Frau, das sei klar, aber zu 100 Prozent sicher seien sie sich doch nicht. Die Vorstellung, die Weltpresse würde so öffentlich die eigene Geschlechtsidentität diskutieren und fordern, solche Tests durchzuführen, ist mit ziemlicher Sicherheit schrecklich für die betroffene Person. Es wurden besagte Tests an Caster Semenya durchgeführt, aber die Ergebnisse nie öffentlich geteilt. Preisgeld und Medaille durfte sie behalten und auch weiterhin bei den Damen antreten. Nach diesem Ereignis gewann sie olympische Goldmedaillen und Weltmeistertitel. 2020 wurde sie vom Forbes-Magazin zu einer der 50 mächtigsten Frauen Afrikas ernannt.

2010 wurden – ich vermute, aufgrund dieses Falles – Tests eingeführt, die den Androgenwert von Sportlerinnen prüfen, die „männlich" wirken. Androgen würde wohl ab einem gewissen Maße für Vorteile sorgen. Außerdem ist das Hormon für Bartwuchs und andere „maskuline" Eigenschaften verantwortlich. Diese Regel wurde in den Folgejahren abgeschafft, dann wieder eingeführt. Und wenn sie, wie meines Wissens nach auch aktuell, in Kraft ist (Stand 2021), müssen Teilnehmende von sportlichen Großereignissen mit abweichenden Werten sechs Monate vor einem solchen medikamentös den Wert senken, um für Fairness zu sorgen. Das alles ist wirklich nicht einfach. Und ich verstehe, dass eine nicht diskriminierende und faire Lösung schwer zu finden ist. Aber sie muss gefunden werden. Trans und intergeschlechtliche Menschen dürfen nicht vom Leistungssport ausgeschlossen werden.

Unfair haben in der Sportwelt schon einige gekämpft. Im Fall von Caster Semenya sollen Werte gesenkt werden, die ihr angeblich einen Vorteil verschaffen sollen, in anderen Fällen wird illegal gedopt. Bekannt sind hier natürlich die erschütternden Taten, die in der DDR verübt worden sind. Es gab unzählige Teilnehmende, die bei den Frauen antraten und teilweise ohne ihr eigenes Wissen Anabolika verabreicht bekamen, um die Leistung zu verbessern.

In der DDR wurde schon in Kindergärten nach zukünftigen Hochleistungstalenten gesucht. Das System war flächendeckend und effektiv. Aber nicht nur das System des Scoutings von Sportnachwuchs war flächendeckend und effektiv: Auch das staatliche Doping war es. Es wurden sogar Minderjährige unwissentlich medikamentös gepusht. In der Regel begann das Hormondoping schon mit 16/17 Jahren. Besonders im Schwimmen züchtete (ein schlimmer Ausdruck, der das Vorgehen leider sehr gut beschreibt) sich die DDR Medaillenmaschinen heran. In anderen Sportarten wurden Hormondoping-Versuche auch an noch jüngeren Kindern durchgeführt. Als Nachwuchs im Leistungssport verbringen die Talente viel Zeit mit dem Trainerstab, der ihnen die bunten Tabletten als Vitamine unterjubelte. Heute noch kämpfen viele dieser Menschen mit den Nachwirkungen des Hormondopings. Durch die Anabolika leiden cis Frauen unter verstärkter Körperbehaarung, Störungen der Fruchtbarkeit, nicht rückgängig zu machender Stimmvertiefung, Stoffwechselproblemen, Leber- und Herzschäden, einem erhöhten Krebsrisiko – das sind nur einige Leiden, mit denen sie heute leben müssen. Mehr als ein Drittel der gedopten Frauen soll außerdem gynäkologische Schäden erlitten haben. Und zum trans Sein zurückkommend: Das Hormondoping hat auch Auswirkungen auf das Gefühl zur eigenen Geschlechtsidentität. Andreas Krieger ist ein trans Mann, der für die DDR in der Leichtathletik antrat. Er sagt heute, dass das Doping ihn zum Mann gemacht habe.

1900 gewann die erste Frau eine olympische Goldmedaille und 2021 hätte das Jahr werden können, in dem die erste trans Frau eine Medaille bei den Olympischen Spielen gewinnt: Laurel Hubbard aus Neuseeland. Sie ist Gewichtheberin. Sie schrieb als erste offen geoutete trans Frau bei Olympia Geschichte. Bereits vor 20 Jahren hat sie professionelles Gewichtheben ausgeübt und auch neuseeländische Rekorde aufgestellt. Damals im Männerfeld. *„Ich habe vor vielen Jahren überhaupt erst mit dem Gewichtheben angefangen, weil es archetypisch männlich war. Und ich habe mir gedacht: Wenn ich einen so männlichen Sport ausübe, vielleicht werde ich dann männlicher. Das war leider nicht der Fall"*, sagte die Neuseeländerin in einem TV-Interview zu ihren damaligen Ambitionen im Männerfeld. Seit 2016 ist Laurel Hubbard wieder am Start, und mit dem Erfolg kommt der Widerstand. Eine belgische Gewichtheberin bezeichnet die Situation als „schlechten Scherz". Es sei unfair. Hubbard selbst gibt seit Jahren keine Interviews mehr. Ich kann mir vorstellen, warum. Nochmal zurückkommend auf das Argument aus den USA, dass trans Menschen den Damensport überfluten würden: Seit 2003 können trans Männer und seit 2015 trans Frauen an den Olympischen Spielen teilnehmen. Laurel Hubbard ist die Erste. Trans Athletinnen bekommen Starterlaubnis für das Frauenfeld, wenn ihre Testosteronwerte mindestens über zwölf Monate vor dem Wettbewerb unter zehn Nanomol pro Liter Blut liegen (Stand 2021). Die Regelung ist umstritten. Sie erlaubt es einerseits trans Athletinnen, auch ohne eine operative Geschlechtsangleichung, dafür aber nach einer Hormontherapie im Frauenfeld zu starten. Dieser Wert sei laut kritischen Stimmen zu hoch. Eine Studie aus 2020 belegt, dass trans Frauen im Schnitt einen 30-prozentigen Kraftvorteil gegenüber cis Frauen haben, der nach zwei Jahren Hormontherapie schwindet.

Ich bin von Laurel Hubbard zutiefst beeindruckt. Sie geht ihren Weg und nimmt diese Strapazen auf sich. Wie viel Kraft das kosten muss, können wir uns wahrscheinlich kaum vorstellen. Ich weiß immerhin, was mein Weg an Kraft kostet. Andere Menschen haben nicht diese Energie, die Möglichkeit oder das Wissen, das es braucht – es ist auch nicht schandhaft, sich spät oder niemals zu outen.

Die meisten trans Menschen im Sport outen sich erst nach der Karriere. Das Gleiche gilt eigentlich für jegliche Queerness.

Ein seltener Fall eines Outings während der Karriere ist Kumi Yokoyama. Kumi outete sich als trans. Die Karriere reichte bis in das japanische Frauennationalteam und die deutsche Frauen-Bundesliga. Die Brüste hat Kumi sich bereits vor einigen Jahren abnehmen lassen, weil diese Maßnahme dem Profisport nicht im Wege steht. Mögliche weitere geschlechtsangleichende Maßnahmen wie eine Hormontherapie werden wohl erst nach Karriereende begonnen werden. Alles andere wäre – vermute ich – sehr kompliziert und würde vielleicht auch das Ende des Leistungssports bedeuten.

Im Frauenfußball, wenn ich es dann überhaupt noch so nennen sollte, spielt auch Quinn. Quinn ist trans non binary, kommt aus Kanada und ist im Profifußball aktiv. Außerdem gibt es einige Beispiele von Deutschen, die sich erst nach ihrer Karriere geoutet haben. Thomas Hitzlsperger outete sich nach seiner Fußballkarriere als schwul, Balian Buschbaum, ein ehemaliger Stabhochspringer, als trans. Wir erinnern uns an die Umfrage: 95 bzw. 96 Prozent der Befragten empfinden die Sportwelt als trans- und homofeindlich. Die Karriere ist gefährdet, wenn ein Outing während der Laufbahn passiert.

Wie kann das alles also in Zukunft besser werden? Ich bin, wie gesagt, weder Sportlerin noch Wissenschaftlerin – ich kann keine Regeln vorschreiben. Trotzdem verstehe ich die Frage an dieser Stelle als eine der Inklusion vs. Fairness. Denn die medizinischen Fortschritte werden dazu führen, die Werte von trans Menschen auf den vorgeschriebenen Leveln zu halten bzw. die jeweiligen Grenzwerte nicht zu überschreiten. Ist es cool, dass sie somit gezwungen sind, Hormone zu sich zu nehmen? Nein, ganz und gar nicht. Trans Menschen sollten dazu niemals verpflichtet sein. Dennoch braucht der Sport Regeln für Fairness, das verstehe ich. Nur: Vielleicht müssen diese überhaupt neu gedacht werden? Vielleicht braucht es neue Konzepte, um in Leistungsniveaus einzuteilen? Bonuspunkte für „körperliche Nachteile" oder Abzug für „körperliche Vorteile"? Aber was fällt dann unter Talent, wie könnten „körperliche Vorteile" definiert werden? Beim Hochsprung werden die Höhen ja auch nicht im Verhältnis zur Körpergröße berechnet.

Auch ich als trans Frau verstehe an dieser Stelle nicht genug von hormonellen Werten und deren Zusammenwirken, um eine Lösung zu liefern oder eine finale Meinung abzugeben. Aber ganz klar ist: Trans Menschen dürfen nicht ausgeschlossen und diskriminiert werden. Deshalb müssen Gespräche geführt werden, nicht erst dann, wenn sich eine trans Person outet, nicht anhand von einem Menschen, dessen Geschlecht öffentlich besprochen und bewertet wird. Es gibt queere Menschen im Sport. Wir sind da. Und das ist gut so. Aber: Das Schüren von Ängsten und das Verbreiten von erfundenen Annahmen – zum Beispiel, dass trans Mädchen und trans Frauen die Sportwelt überfluten würden und cis Mädchen und cis Frauen damit keine Chance im Profisport hätten – ist ein großes Problem. Und diese Annahmen sind schlichtweg falsch. Das belegen die Zahlen und Statistiken. Aber diese Geschichten und „Horrorszenarien" haben sehr wohl eine Auswirkung: Sie führen zu mehr Diskriminierung, zu mehr Vorurteilen. Sie führen dazu, dass trans Menschen als Gefahr eingestuft werden – und das ist leider keine neue Erzählung, sie taucht immer wieder auf, egal, ob im Sport oder bei sogenannten „feministischen" Strömungen oder in der breiten Gesellschaft. Dagegen müssen wir uns starkmachen. Die trans Community erlebt Gewalt, Diskriminierung, Ausschluss. Der Umgang mit trans Personen im Sport veranschaulicht das gut, auch wenn dies wohl nur einen kleinen Teil der trans Menschen betrifft. Es zeigt auch, was trans Menschen erleben, und das jeden Tag. Das Absprechen der eigenen Geschlechtsidentität. Einfach ist das alles nicht. Ich wünsche mir mehr Offenheit für Queerness im Sport. Wie problematisch Sportgroßereignisse und Veranstaltungen zur Konsumsteigerung mit sportlichem Aspekt sind, dass innerhalb dieser Strukturen Menschenrechte von Arbeitenden zugunsten von kapitalistischen Zielen vernachlässigt werden, kann ich in diesem Buch nicht bearbeiten, aber ich will es dennoch festhalten.

Abschließend möchte ich Laurel Hubbard zitieren, die in einem ihrer seltenen Interviews 2017 etwas sehr Wichtiges gesagt hat: *„Ich wünsche mir einfach nur, dass die Menschen, wie auch immer sie zu Leuten in meiner Situation stehen, Leute wie mich mit Respekt behandeln. Nicht mehr und nicht weniger."*

EINE ENTWICKLUNG: SELBSTFINDUNG, DATING UND DIE REFLEXION UNSERER ROLLENBILDER

Einen großen Teil dieses Kapitels werden Erzählungen rund um Beziehungen zu anderen Menschen ausmachen, insbesondere romantische Beziehungen und Dating. Ich öffne in diesem Buch also auch diese Tür. Die Tür zu einem Bereich in meinem Leben, der eigentlich sehr privat ist. Doch Dating und Liebe schaffen Anknüpfungspunkte. Viele Menschen sind auf der Suche nach ihr, der großen Liebe. Und selbst wenn nicht, wir sind Menschen, wir brauchen Austausch, Nähe, Vertrauen – manche mehr, manche weniger. Egal, um welche Art Beziehung es sich dabei handelt. Anhand von Dating lässt sich die Sicht, die die Gesellschaft nach wie vor auf trans Menschen hat, gut darstellen.

Dating war für mich nicht erst offen als Frau lebend schwierig. Meine Queerness hat mir früh Steine in den Weg zur Liebe gelegt. Für mich war es leider nicht möglich, jemanden toll zu finden und Hand in Hand über den Schulhof zu laufen oder verknallte Blicke im Unterricht auszutauschen. Viele queere Menschen können das wahrscheinlich nachvollziehen, denn das ist für viele von uns unmöglich gewesen. Wenn ich heute sehr junge queere Paare auf Social-Media-Plattformen sehe, freue ich mich unglaublich für diese neue Generation. Ich freue mich, dass das heute möglich ist. Zumindest in manchen Teilen der Gesellschaft, in einem offenen Umfeld, das Personen, die nicht heteronormativ leben bzw. von der vorgegebenen Norm abweichen, nicht nur akzeptiert, sondern als „normal" einstuft. Aber ich könnte auch heulen. Ich mag das Wort „heulen" zwar nicht, aber „weinen" ist für das, was ich ausdrücken will, nicht stark genug. Denn: Ich könnte heulen, wenn ich daran denke, wie gern ich so etwas als Teenager erlebt hätte. Die Person, mit der ich das gern getan hätte, gab es für mich nämlich sehr wohl.

Eine präsente Erinnerung: Im Unterricht schrieb ich meiner besten Schulfreundin ein Zettelchen, damals noch „männlich" präsentierend und nicht wirklich geoutet, nicht laut ausgesprochen und doch in gewisser Weise klar. Auf ein wirkliches Outing haben damals bestimmt einige gewartet. *„Ich glaube, ich mag den mehr als normal."* Klein gefaltet gab ich das Briefchen unter dem Tisch weiter. Sie guckte zu mir und antwortete auf meine Offenbarung: *„Wie meinst du?"*, sicherte sie sich ab. Eigentlich war es ihr jedoch klar, denke ich. *„Ich glaube, ich bin schwul und steh' auf ihn"*, erklärte ich mich diesmal direkt. Kein Missverständnis möglich. Sie öffnete das Papier, las und lächelte mich an. So warmherzig kann kaum jemand lächeln. Das war das Lächeln, bei dem ich wusste, dass ich bei ihr ich sein kann. Auch wenn ich zu dem Zeitpunkt noch lange keine Ahnung davon hatte, wer ich eigentlich bin. Aber ja, da war er. Der Typ, mit dem ich gern Händchen haltend über den Schulhof gelaufen wäre. Sehr gutaussehend, gut gebaut. Aber das, was mich damals schon an ihm fasziniert hat, war seine Art. Er hatte nie Berührungsängste mit mir. Wenn andere Jungs im Teenageralter sich cool gaben und dabei selbst unsicher waren, war er souverän. Oft begegnete mir die queerfeindliche Annahme und daraus resultierend die Angst, dass ich per se auf alle Jungs stehen könnte. Dass ich im Umkleideraum plötzlich jemanden anfassen könnte. Den größten Aufstand hierzu gab es kurz vor meinem Abitur. Aus irgendeinem Grund hatte ich kurz vor meinem Abschluss Schwimmunterricht. Alle Fächer einschließend wohl die Stunde, die ich am meisten gehasst habe. Mehr als Mathematik, Physik und Chemie zusammen (und diese Fächer waren bei mir außerordentlich unbeliebt). Warum ich das damals so schlimm fand, wusste ich nicht so richtig oder konnte es nicht einordnen. Denn Sport an sich fand ich nicht schlimm. Privates Schwimmen auch nicht. Nackt sein aber dafür umso mehr. Und vor anderen nackt zu sein war der Horror schlechthin. Ich hasse es, wenn ich von meinen Freundinnen getrennt wurde und zu den „Jungs" musste. Ich fühlte mich fehl am Platz. Die Gespräche, die Art und Weise, über Dinge zu reden. Sobald ich dort war, wollte ich nur weg. Kurz vor dem Abi sollten wir also noch einmal zeigen, was wir im Schwimmbecken draufhatten. Und als verkündet wurde, dass ich mit den Jungs aus der Parallelklasse in eine Gruppenumkleide sollte, war der Aufschrei groß. Wovor die Schüler aus der Parallelklasse Angst hatten, leuchtet mir nicht ein. Sobald ich in „Jungsgruppen" war, war ich still, leise und blieb, wenn möglich, für mich. Über Freundinnen erfuhr ich, dass diese Jungs mich in einen Spind sperren wollten, mich schlagen und alles, was ihnen eben sonst noch einfiel. Ich versuchte meine Angst davor, dass sie ihre Pläne umsetzen könnten, einzudämmen, indem ich mir vor Augen führte, dass sie sich ziemlich sicher nie trauen würden mich anzufassen. Denn die Konsequenzen wären für sie wiederum zu ungewiss gewesen – und wahrscheinlich waren sie eben nicht die gar so harten Typen, für die sie sich selbst hielten. (Ein solches Selbstbild und der entsprechende Umgang mit queeren Menschen entstehen aufgrund des gesellschaftlichen Männerbildes und der Herabwürdigung von Schwulen bzw. des Ekels vor dem Schwulsein.) Ich hatte nie Angst oder Bedenken, Erwachsene einzuschalten. So tat ich es auch in diesem Fall. Aufgrund des Mangels an Lehrkräften hatte ich zu dem Zeitpunkt noch so etwas wie eine Klassenlehrerin. Einer der besten Menschen, der mir je über den Weg gelaufen ist. Sie hat vieles in mir gesehen, als ich es selbst noch nicht tat, und mich immer unterstützt. Sie hat mich in Kunst unterrichtet, und bis heute wende ich bei jedem Post auf Social Media die Tipps an, die sie mir zu Bildaufbau gab. So wendete ich mich in diesem Fall auch an sie. Und für meine Lehrerin war die Situation klar: Sie würde das klären, und sollte es keine zufriedenstellende Lösung geben, würde sie mit mir zum Arzt gehen und mir ein Attest ausstellen lassen. Das war Musik in meinen Ohren. Ich hätte am liebsten gar nicht am Schwimmunterricht teilgenommen. Keine Badehose anziehen müssen. Nicht meine behaarten Beine zeigen müssen. Nicht sehen, wie die Körper meiner Mitschülerinnen immer kurviger werden. Der Lösungsvorschlag der Parallelklasse war übrigens, dass ich mich doch in der Toilette für behinderte Menschen umziehen könnte. Was auf so vielen Ebenen falsch ist. Die Lösung der Schulleitung war die, dass ich zu der Zeit, in der der Schwimmunterricht angesetzt war, eine Einzelumkleide bekommen und die Parallelklasse 30 Minuten später anfangen sollte, sodass wir uns auch in den Duschen nicht über den Weg laufen würden. Wir hatten danach Schulschluss, weshalb sie dann doch etwas genervt auf die Vorgehensweise reagierten. Und ein paar wenige von ihnen entschuldigten sich tatsächlich bei mir. Wirklich ehrlich meinten sie das wohl nicht, denke ich. Es war eher eine Entschuldigung, die darauf beruhte, dass sie sich selbst bemitleideten, weil ihr Handeln Konsequenzen nach sich zog. Nicht, weil sie ihr queerfeindliches Verhalten hinterfragt hatten. Als ich an einem dieser Tage aus der Schule kam, sagte mein Vater trocken: *„Erstens: Was für Arschlöcher. Zweitens: Wie arrogant sind die eigentlich, dass sie denken, du würdest sie alle toll finden."* Und recht hatte er. Ich fand ja nur einen toll. Den, der nie dabei war, wenn aus der Parallelklasse Drohungen kamen.

Natürlich fand ich meinen damaligen Schwarm nicht nur toll, weil er in seiner Maskulinität scheinbar nicht so fragil war wie all die anderen – da war mehr. Glücklicherweise wurde ich von den anderen Jungs nicht pausenlos dumm angemacht, es gab also auch Situationen, in denen sie mich begrüßten. Untereinander haben sie jedes Mal einen bestimmten Handschlag ausgeführt, coole Typen halt. Ich konnte das nie. Sie hielten mir ihre Hand hin. Kurze Stille. Ich schaute die jeweilige Hand an. In meinem Kopf ratterte es. Ich überlegte, wie ich nun auf diese Hand schlagen musste, damit das gut und „richtig" aussah. Meistens endete es eher in einem Handgeben. Und unangenehm war es irgendwie für alle Beteiligten. Er hat das anders gelöst: In einer Nacht standen wir in einem Club auf der Tanzfläche voreinander, er bewegte sich auf mich zu, und ich sah an seiner Handbewegung, dass er vorhatte, mit mir einzuschlagen. Ich starrte seine Hand an. Stille. – Klar, es war nicht leise, wir befanden uns in einem Club, der Bass der Musik brachte den Raum zum Vibrieren, aber plötzlich fühlte sich alles sehr ruhig an. Ich lächelte verlegen: *„Du weißt, dass ich das nicht kann."* Er lächelte zurück, und eventuell schon leicht alkoholisiert nahm er meine

Hand, hob sie und drehte mich wie eine Tänzerin, bis er mich schließlich in den Arm nahm. Ich war schockiert, positiv, versteht sich. Die meisten der jungen Männer in unserer Kleinstadt gingen völlig anders mit mir um. Und genau die waren irgendwo um uns verstreut. Er und ich waren umgeben von feiernden, jungen Leuten. Inmitten derer, die gern über mich getuschelt haben. Ob sie älter oder jünger waren als ich, spielte kaum eine Rolle. Ich habe polarisiert. Und genau dort, sichtbar, hat er das getan. Er hat wahrscheinlich überhaupt nicht verstanden, was mir dieser Moment und seine Art, mit mir umzugehen, bedeuteten. Andererseits werde ich traurig, wenn ich darüber nachdenke, was eine letztlich so einfache Geste in mir ausgelöst hat. Das zeigt mir auch rückblickend, wie traumatisch viele Situationen für mich waren. An dem Abend haben wir uns anschließend nicht mehr großartig unterhalten, aber ich trug ein breites Lächeln auf den Lippen. Interaktionen mit ihm gab es, gerechnet auf die Dauer, die wir uns kennen, ohnehin nicht viele. Aber so ist das wahrscheinlich ziemlich oft mit einem Schulschwarm. Auf jeden Fall, wenn es um eine Schwärmerei ohne Zukunft geht.

Sehr, sehr viele Menschen könnten sich eine Scheibe von ihm abschneiden, wenn es um den Umgang mit queeren Personen geht. Ich will ihm nicht zu nahetreten, aber ich bin mir recht sicher, dass er sich nicht belesen hat, um mir oder anderen queeren Menschen respektvoll zu begegnen. Und belehren musste ihn auch niemand. Er hat ohne Angst, ganz einfach mit Menschenverstand, Empathie, Respekt und ganz viel Charme gehandelt. Die Realität ist natürlich, dass ich mich frage, was passieren würde, wenn wir uns heute begegnen würden.

All diese Erlebnisse ließen in mir die Vermutung größer und präsenter werden, dass mein Leben einfacher gewesen wäre, wäre ich als „Mädchen" geboren. Heute habe ich verstanden, dass ich als Mädchen geboren wurde. Ich habe es mir selbst eingestanden und lasse mittlerweile mein Umfeld daran teilhaben, lebe es offen. Vielleicht würde das etwas ändern? Wenn ich in die Heimat fahre und eine Dating-App öffne, hoffe ich manchmal auf ein Match mit ihm. Sollte das eines Tages passieren, weiß ich noch nicht, wie ich damit umgehen werde. Denn egal, wie souverän ich in den letzten Jahren geworden bin: Die Vorstellung einer solchen Begegnung lässt mich ratlos, nervös werden. Als wäre ich zurückversetzt in die Zeit unserer Jugend.

Wenn ich meine Eltern besuche, also in Lübeck bin, sehe ich viele andere Typen meiner Jugend, auf der Straße und auf besagten Apps, die mich heute kaum noch erkennen. Die, die damals ein Problem mit mir hatten. Nein, ich muss mich korrigieren: Sie hatten ein Problem mit sich selbst und haben es auf mich projiziert. Auf einen damals männlich präsentierenden Menschen. Und ja, für unser aller Genugtuung: Heute wollen viele von denen mit mir ausgehen. Damals beleidigt, heute umgarnt.

Was vielen vermutlich nicht bewusst war und auch heute noch nicht ist, ist, wie sehr mich ihr Verhalten geprägt hat. Ich habe nach wie vor ein Problem mit Gruppen Jugendlicher im Alter derer, die mich damals ausgelacht und herabgewürdigt haben. Am schlimmsten finde ich wohl diejenigen, die älter waren als ich damals und sich trotzdem über mich lustig gemacht haben. Mit dem Alter geht scheinbar nicht immer Reife einher. Sich mit Anfang 20 über eine Person wegen deren Sexualität und Aussehen lustig machen? Schien diesen Menschen damals großen Spaß zu machen. Heute weiß ich, dass diese Erlebnisse und die Art, wie diese Personen mich behandelt haben, nicht nur individuell zu betrachten sind. Und natürlich ist mir klar, dass sehr viele Menschen, vor allem in der Jugend, solche Erfahrungen machen. Meist dann, wenn sie in irgendeiner Form von der „Norm" abrücken. In meinem Fall ging es um Homo- bzw. Queerfeindlichkeit und um meine Persönlichkeit. Ich war für sie ein Angriff. Und diese Feindlichkeit gegenüber schwulen Menschen und auch Männern, die das stereotype Bild der „Männlichkeit" zum Wackeln bringen und Kategorisierungen aufweichen, ist in unserer Gesellschaft in hohem Maße verankert. Wie oft habe ich schon den Satz gehört: *„Ich habe ja nichts gegen Schwule, aber ..."* Das lässt sich beliebig fortführen. Und alles, was danach kommt, ist homofeindlich. Hier geht es um die Strukturen des binären Systems, dass diese Jugendlichen in sich selbst so unsicher waren, dass sie es auf mich projiziert haben. Auch sie selbst, auch die cis Männer sind Leidtragende dieser Strukturen. Viele Handlungen sind Folgen der patriarchalen Weltsicht, und es ist dennoch sehr wichtig, diese klar zu verurteilen. Wenn ich diese Themen reflektiert betrachte, sind vor allem die Gefühle meines jüngeren Ichs relevant. Ich bin nach wie vor verletzt und wütend darüber, wie sie mit mir umgegangen sind. Aber das ist auch in Ordnung so. Viele von ihnen folgen meinen Social-Media-Accounts und schreiben Nachrichten, die klingen, als wären wir befreundet gewesen.

Ich war polarisierend. Ich habe es genossen zu polarisieren. Vor allem dann, wenn ich mich sicher gefühlt habe, zum Beispiel durch die Anwesenheit meiner Freundinnen oder meiner Familie. So habe ich zwei recht konträre Seiten in mir verbunden. Fast als sei mein Sternzeichen Zwilling, dabei bin ich Löwe. Denn neben meiner schüchternen und zurückhaltenden Seite, ausgelöst durch Menschen, die mich respektlos behandelt haben, gab es eben auch eine ganz andere. Ich wollte wahrgenommen werden, habe vermeintlich „Schwächere" ebenso unfair behandelt, wie ich es wurde. Ich wollte mich präsentieren, mich zeigen, in dieser Weise ausdrücken. Diese andere Seite von mir war fast furchtlos. Die Kraft dafür habe ich aus purem Willen und meinem Umfeld gezogen, also den Menschen, die mich in allem unterstützt haben. Im Internet habe ich nicht nur Inspiration gefunden, sondern auch Zuspruch erhalten. Ich habe viele wunderschöne Frauen gesehen, denen ich nacheiferte. Es gab immer wieder diese Momente, in denen ich eine Art Sehnsucht empfunden habe. Aber diese Sehnsucht ging mit sehr viel Schmerz einher. Ich entdeckte diese cis Frauen, ich bewunderte sie und wollte genau so sein. Ich wollte eine solche Figur haben, ich wollte mich so anziehen dürfen wie sie. Ich spürte das, auch wenn ich es nicht immer richtig einordnen oder zulassen konnte.

In meiner Schulzeit waren Tage wie Fasching oder Halloween Lichtblicke. Wie bereits im Hinblick auf den Christopher Street Day erwähnt, waren dies Tage der Freiheit. Lange, schwarz lackierte Fingernägel, Make-up, das meine Augen so richtig betonte – an diesen Tagen habe ich mich ausgelebt. An einem solchen, kurz vor meinem Abitur, wurde es für mich besonders interessant. Wir hatten eine „Mottowoche". Bald würden wir unseren Schulabschluss feiern können, und der gesamte 13. Jahrgang verkleidete sich jeden Tag zu einem jeweils vorab festgelegten Motto. Eines war: „Geschlechtertausch". Aus heutiger Sicht ist das natürlich ein irgendwie schwieriges Motto, aber damals fand ich die Idee fabelhaft und freute mich sehr darauf. Als Teenager war es für mich nicht so einfach wie heute, an Produkte und Utensilien fürs Styling zu kommen. Ich besorgte eine billige blonde Perücke, ein körperbetontes Kleid und Schuhe mit hohen Absätzen. Make-up war bereits vorhanden. Ich machte mir auch über die Verkleidungen für die anderen Mottotage ausführlich Gedanken. Das Verkleiden machte mir großen Spaß. Wahrschein-

lich, weil ich dann weniger ich selbst sein musste, und vielleicht auch, weil sich dadurch Möglichkeiten auftaten, die es sonst nicht gab. Ich schlüpfte in andere Rollen, in eine andere Realität, für eine kurze Zeit. Über den Tag, an dem „Geschlechtertausch" Motto sein sollte, dachte ich logischerweise besonders viel nach. Ich hatte dadurch die Möglichkeit, gestylt zur Schule zu gehen. Das war sehr aufregend, und es war kein Einnehmen einer Rolle, im Grunde „verkleidete" ich mich als mich selbst. Ein erster Ausbruch aus dem abgeschlossenen Kinderzimmer.

Damals konnte ich mich schon ein bisschen schminken. Es funktionierte, wenn ich ehrlich bin, besser als bei den meisten cis Freundinnen von mir. Das bedeutet an sich nichts. Heute ist mir klar, dass Schminke nicht nur Frauen vorbehalten ist, aber zu dieser Zeit machte es mich trotzdem stolz. Immerhin konnte ich etwas besser, das als typisch „weiblich" definiert wurde. Also legte ich schon am Abend vorher alles zurecht, was ich mir mit viel Euphorie besorgt hatte. Ich schminkte mich zum ersten Mal richtig vernünftig. Das hat sich toll angefühlt. Meine Schwester war an dem Morgen durchgehend an meiner Seite. Ein paar Jahre später trug sie dasselbe Kleid zum Motto „Nutten und Zuhälter" – ein Motto, das ebenfalls sehr problematisch ist, rückblickend, und wahrscheinlich gibt es solche Mottos auch heute noch. Jedenfalls setzte ich die Perücke auf und zog eine Mütze darüber. (Tipp für schlechte Perücken: Haaransatz verdecken.) So gestylt und geschminkt bin ich dann die Treppe nach unten gegangen, wo meine Eltern auf mich warteten, da mein Vater mich zur Schule fuhr. Durch das aufwendige Styling war ich knapp dran, sodass er schon längst bereit zur Abfahrt war. Meine Mutter schaute mich an: *„Ich glaube, so ernst ist das nicht gemeint."* Es haben wohl alle, die mich an dem Tag gesehen haben, gespürt, wie ernst ich das Umstyling genommen habe. Einige Lehrkräfte erkannten mich nicht.

Und nachdem ich ein Selfie von mir auf Instagram postete, tauchte sogar ein sehr bekanntes männliches Model in meinen Nachrichtenanfragen auf. Super aufregend. Und da passierte das, was ich später noch sehr häufig erleben sollte, zum ersten Mal: Er verstand, dass ich keine cis Frau bin, und blockierte mich. Ein Szenario, das ich damals lustig fand. Vor allem, weil er bekannt war. Ich konnte nicht ahnen, welche Auswirkungen solch traumatisches Verhalten von Männern bei mir haben würde. Den Tag in der Schule habe ich jedenfalls in vollen Zügen genossen. Eine Freundin berichtete mir, dass die Jungs aus der Parallelklasse mich auscheckten, weil sie nicht kapierten, wer ich war. Von hinten zumindest nicht. Im Sportunterricht gab ich eine Entschuldigung ab: Ich könne nicht teilnehmen, da ich meine Periode hätte. Ich war in einer Klasse mit – soweit ich weiß – ausschließlich cis Frauen, die ab und zu eine Entschuldigung wegen angeblicher Periodenschmerzen vorzeigten, aber eigentlich einfach keine Lust auf den Sportunterricht hatten. Das war mir nicht möglich, doch ich wollte es unbedingt auch einmal erleben, selbst eine solche Entschuldigung abzugeben. Den Wunsch, dazuzugehören, habe ich mir an diesem Tag mit Augenzwinkern erfüllen können. Meine Sportlehrerin schaute mir ins Gesicht und sagte bestimmend, dass dies Auswirkungen auf meine Note haben würde, weil ich dadurch die anstehende Badminton-Prüfung verpasste. Während ich diese Zeilen schreibe, fällt mir auf, dass ich zum einen „Badminton-Prüfungen" irgendwie absurd finde und ich mich dagegen hätte wehren sollen, schlechter benotet zu werden. Ich sollte meiner Schule mal ganz schnell eine Mail schreiben.

Wenn ich heute Zeit in meiner Heimat, in meinem Elternhaus verbringe, entstehen sehr viele anstrengende Situationen für mich. Das ist wohl der Grund, weshalb ich vor allem in den Jahren, in denen ich mir meiner Identität besonders unsicher war, nur sehr selten zu Besuch kam. Auch wenn meine Eltern sich relativ schnell an meinen Namen und an das Nutzen der Pronomen „sie/ihr" gewöhnt haben und sich Mühe geben, stehe ich, wenn ich an der Ostsee bin, dauerhaft unter Strom. Wer wird mich wie nennen? Wer wird falsche Pronomen verwenden? Es leben eben Menschen dort, die mich seit vielen Jahren kennen. Und das sind auch die Menschen, die die meisten Probleme mit meinem Namen und den Pronomen haben. Einerseits kann ich das nachvollziehen, denn sie sind diejenigen, die mich lange Zeit anders angesprochen haben. Ich bringe daher viel Verständnis mit. Weniger anstrengend macht es das für mich wiederum nicht. Wenn ich auf die Hochzeit einer langjährigen Freundin gehe, treffe ich auf viele Bekannte – und muss ganz tief durchatmen. Und die wohl unangenehmsten Gespräche mit den Vätern von Kindheitsfreundinnen führen. Ich verstehe, dass Menschen neugierig sind. Was ich nicht verstehe, ist, warum sie oft so wenig Feingefühl dafür aufbringen, was angemessen ist und was eben nicht.

DIE ANFÄNGE: MEIN ERSTES DATE

Als junger queerer Mensch trieb ich mich schon sehr früh auf Dating-Plattformen herum. Denn im echten Leben war es mir beinahe unmöglich, jemanden kennenzulernen. Und da ich auf Social-Media-Plattformen Inspiration und Identifikationsfiguren gefunden hatte, wagte ich mich schnell weiter auf die Dating-Seiten. Ich muss 15 oder 16 Jahre alt gewesen sein, als ich mich zum ersten Mal in einem Portal für vor allem schwule Männer angemeldet habe. Auf einer bis heute bestehenden Seite gab es die Auswahlmöglichkeiten „homosexuell", „bisexuell" oder „transsexuell". Vor wenigen Jahren klickte ich mich erneut durch die Website, und da waren die Auswahlmöglichkeiten noch immer dieselben. Dass trans zu sein keine Sexualität ist, war auf dieser Dating-Plattform für schwule Männer noch nicht angekommen. Denn eine trans Person kann natürlich homo- oder bisexuell sein – oder jede andere Sexualität haben. Aber trans zu sein hat damit erstmal nichts zu tun.

Ich meldete mich damals an. Es war eine Website, die aussah wie aus den Neunzigern. Selbst in den 2010er-Jahren wirkte sie extrem aus der Zeit gefallen. Sofort fühlte es sich schmuddelig an. Aber ich fand es auch unglaublich aufregend. Was wohl passieren wird? Wen lerne ich kennen? Ich erstellte mein Profil mit Körpergröße, Augenfarbe und einer kurzen Selbstbeschreibung. Und dann kam ich auch schon in den Bereich, in dem ich meine sexuellen Vorlieben angeben sollte. Denn die Schwulenwelt, so wie ich sie kennengelernt habe, ist offen und sexpositiv eingestellt. Ich lud also ein paar Fotos von mir hoch. Das Feedback, das ich dort bekam, war sehr positiv. Eine Nachricht nach der anderen trudelte bei mir ein, und ich schrieb ebenfalls fleißig gutaussehende Männer an. Eins führte zum anderen, und ich habe mich mit dem ersten jungen Mann verabredet. Ich weiß bis heute noch, wie er hieß. Meiner damals besten Freundin habe ich das alles natürlich erzählt. Sie hatte zu diesem Zeitpunkt selbst noch nie ein Date gehabt. Also habe ich das in gewisser Weise für uns beide übernommen. Ich vereinbarte eine Uhrzeit mit ihm, fuhr mit dem Rad zum Treffpunkt, und meine Freundin blieb, natürlich mit genügend Sicherheitsabstand, in meiner Nähe. Wir hatten abgesprochen, dass ich ihr eine SMS schicken und sie mich anrufen würde, sollte ich mich unwohl fühlen. Ich traf ihn. Er war ein cooler Typ. Mit glatten, schwarzen Haaren, lässig über das Gesicht geworfen. Seine Augen konnte ich kaum sehen, dafür aber seine schönen, vollen Lippen. Er war schlank, ähnlich wie ich. Ich schätze, er war drei bis vier Jahre älter. Mit dem ganzen Dating-Kram hatte er auf jeden Fall viel mehr Erfahrung. Wir gingen spazieren und redeten. Worüber wir sprachen, weiß ich nicht mehr. Ich kann auch nicht abschätzen, wie lange es dauerte, bis ich die SMS an meine Freundin schrieb. Aber ich schrieb sie. Sie rief an. Wir spielten nach, was wir in Filmen gesehen hatten: *„Wie? Ich muss jetzt kommen? ... Was ist passiert? ... Oh nein!"* Ich verkündete meinem Date also, dass ich leider losmüsse. Gentleman, wie er war – und hoffentlich heute noch ist –, brachte er mich zurück zu der Straße, von der ich nach Hause fahren wollte. Und absurderweise glaube ich bis heute, dass er mir meine Lügengeschichte abgekauft hat. Mit Sicherheit kann ich das natürlich nicht sagen, aber er hat mich zur Verabschiedung geküsst. Mein erster Kuss. Und das, als ich eigentlich vor unserem Date fliehen wollte. Ich kann retrospektiv sagen, dass das wahrscheinlich nicht an ihm als Person lag, sondern daran, dass ich noch gar nicht bereit für ein Date war. Anschließend radelte ich mit meiner Freundin heim. Wir kicherten, wir lachten. Trotzdem wollte ich mit dem jungen Mann nichts mehr zu tun haben, weil ich mich nicht so wohl gefühlt habe, wie ich mir das bei einem Date vorgestellt hatte. Jung und unsicher, wie ich war, löste ich die Situation auf, indem ich nie wieder auf eine SMS oder Nachricht von ihm geantwortet habe. Ziemlich uncool. Also, mein erstes Date, solltest du das hier gerade lesen: Es tut mir leid. Einige Jahre später habe ich ihn wieder gesehen. Wir hatten gemeinsame Bekannte. Aber auch damit konnte ich nicht umgehen. Er schien nach wie vor verletzt von meinem Verhalten.

Zurück auf der Dating-Plattform habe ich weiter fleißig mit mehreren Typen geschrieben. Teilweise mit Männern, die definitiv zu alt waren, als dass sie mit mir hätten Kontakt aufnehmen sollen. Aber es hat mich damals, wie viele darauffolgende Jahre auch, sehr angezogen, wenn ein Mann ein paar Jahre älter war als ich. Vermutlich hatte das bei mir damit zu tun, dass ich mich noch nicht gefunden hatte. Diese älteren Typen erschienen mir wie erleuchtete Wegweiser auf einer Straße in der Dämmerung. Dass ich eigentlich falsch abbog, indem ich ihnen folgte, weiß ich erst heute. Daraus gelernt habe ich allemal. Und es ist schön für mich, dass ich keine Menschen an meiner Seite mehr brauche, die älter sind als ich, um mir zu zeigen, welche Richtung ich einschlagen soll. Heute finde ich diese Richtung eigenständig. Teilweise handelte es sich um Männer, die über 40 Jahre alt waren, aber auch um solche, die Mitte 20 waren, der Unterschied betrug auch bei denen eigentlich zu viele Jahre. Ich war 16 Jahre alt. Ich war ein Kind.

MEINE ERSTE BEZIEHUNG

Mit 17 Jahren bekam ich eine Nachricht auf Facebook. Ein Messenger-Dienst, den ich nicht unbedingt zum Flirten nutzte, aber natürlich war ich in dem Alter irgendwie zu jeder Zeit und überall mit offenen Augen unterwegs. „Wunderschön :-)" schrieb mir ein User. Ich war nervös, es war aufregend. Wir chatteten die ganze Nacht. Einige Tage später erzählte ich meinen Eltern, ich würde zu einer Freundin nach Hamburg fahren, stattdessen traf ich in einem Café den Facebook-Typen. Dass meine Eltern ihn einige Lügen später kennenlernen würden, wusste ich damals nicht. Aber so passierte es. Wir trafen uns immer wieder, und er schien klug, charmant, witzig. Ich mochte ihn, und was ich außerdem mochte: Er war schon Mitte 20. Er wohnte in der Hamburger Innenstadt in einer WG. Wie cool! Ein bisschen spießig war er. Aber auch das fand ich gut, weil ich wusste: So einen kann ich meinen Eltern vorstellen.

Wir kamen also zusammen und blieben das, mit einigen Holpersteinen, bis ich 21 war. Beide zogen wir in der Zwischenzeit nach Berlin. Vor allem in den letzten Monaten der Beziehung ging einiges in mir kaputt. Wir führten eine monogame Beziehung, aber betrogen uns gegenseitig. Er war damals der Erste von uns beiden, der andere traf, und erst mit diesem Wissen zog ich nach. Das macht es natürlich nicht besser. Als ich erfuhr, dass er mir fremdgegangen war, war ich tief verletzt. Das tat weh. Letztendlich waren wir beide nicht gut füreinander. Das haben wir, glaube ich, schon lange vor Ende der Beziehung erkannt, aber hatten Angst, alleine zu sein. Einige Jahre später erfuhr ich, dass er zu ungefähr derselben Zeit, als ich ihn auch mit in den Familienurlaub nahm, dafür bekannt war, Typen aus Clubs abzuschleppen. Das hat sich nicht nur wie ein Betrug an mir, sondern auch meiner Familie gegenüber angefühlt. Und das wirkt heute noch in mir nach.

Ein weiterer Grund, weshalb die Beziehung zu Ende ging, war, dass es eine schwule Beziehung war. Mein Expartner steht auf Männer. Ich bin kein Mann. Und unsere Liebe zueinander war nicht stark genug, um über das Geschlecht hinwegzuschauen. Es gab immer wieder Momente, in denen ich stolz neue Schuhe oder andere hübsche Teile trug, wir aufeinandertrafen und er – ohne Intention, mich zu verletzen – mich bat, diese „Frauenschuhe" doch nicht mehr anzuziehen. Was genau Frauenschuhe sein sollen, möchte ich an dieser Stelle nicht aufdröseln. Ich trug schwarze Lederstiefeletten mit Plateausohle, wenn auch nicht besonders hoch. Ihm war das alles zu „feminin". Es gab deshalb Phasen, in denen ich mir die Haare abrasierte und ausschließlich graue T-Shirts und Jeans trug, um in meine „Rolle" zu passen, um irgendwie glücklich zu sein, um ihm das zu geben, was er wollte. Ich besitze aus dieser Zeit bis heute einen

Überschuss an grauen T-Shirts. Denn in mir gab es einen massiven Konflikt: Ich wollte meinem Partner gefallen, aber ich spürte auch, dass sich dies für mich nicht richtig angefühlt hat. Hinzu kam das Feedback von außen, das immer positiver war, wenn ich „maskuliner" aussah. Auch auf meinen Social-Media-Accounts, die ich bereits regelmäßig und intensiv nutzte. Das machte es noch schwieriger, den Gefühlen in mir zu mehr Femininität Raum zu geben. Die Beziehung, die somit dem Untergang geweiht war, ging zu Ende. Von meiner Seite sehr kühl. Denn auch bis dahin war ich nicht wirklich besser darin geworden, Ablehnung zu kommunizieren, als Jahre zuvor nach meinem ersten Date. Aber: Es war eine Befreiung. Ich habe mich frei gefühlt, einen neuen Beruf angefangen und mein Leben gelebt.

EIN KNOTEN, DER PLATZTE: WIE ICH LERNTE, FREIER ZU SEIN

Es gibt das Klischee, dass Menschen nach einer längeren Beziehung das komplette Gegenteil von dem suchen, was sie vorher hatten. Und genau das tat ich. Nach dem eher konservativen Politikinteressenten kam ein tätowierter Fashion-Blogger. Wir trafen uns wenige Wochen nach der Trennung. Es war sehr spontan, und er brachte mir eine Rose mit. Wir tranken Wein, der schon einige Tage geöffnet bei ihm in der WG stand, auf einem Kantstein sitzend. Ich habe mich selten so befreit gefühlt wie damals. Ein Knoten ist geplatzt. Und der Mann, der das Gegenteil meines Ex verkörperte, war ein ganz wichtiger Teil dieser Lösung. Die Rose, die er mir schenkte, dekoriert bis heute getrocknet meine Wohnung. Sie steht für den Moment, der für mich so bezeichnend war, weil ab dann alles besser wurde.

Eine Phase
eine Phase
eine Phase
eine Phase
eine Phase
eine Phase
eine Phase
eine Phase

Der Fashion-Blogger war stilsicher, trug außergewöhnliche Teile, Nagellack und hatte viele Tattoos. Ich war hin und weg. Er hat mich daran erinnert, dass auch mit Penis geborene Menschen sehr viel Spaß mit und an ihrem Aussehen haben können. In der Form hatte mir das bis dahin noch niemand so authentisch gezeigt. Früher wurde ich oft belächelt, wenn ich mich aufwendig stylte. Auch in den Medien kam diese „Sorte Mensch" häufig nicht gut weg. Aber was heißt diese Sorte Mensch? Er war ganz und gar anders als alle, die ich bis dahin kannte. Ob aus den Medien oder dem echten Leben. Wir haben unglaublich viel gelacht, ich stellte ihn meinem Freundeskreis vor, und alle waren überrascht. Zum einen, weil er meinem Exfreund so überhaupt nicht glich. Aber vor allem, weil ich glücklich wirkte – und das war ich auch. Während wir gemeinsam einen Wein tranken, haben wir Händchen gehalten, ich habe ihn geküsst, mich offensichtlich wohl gefühlt. Die mir damals sehr nahestehenden Menschen kannten mich nur in Kombination mit meinem vorherigen Partner, und da gab es große Unterschiede. Nicht immer war zuvor alles schlecht – auf keinen Fall. Aber es war anders.

Die Liaison mit dem jungen Mann hielt für drei Wochen. Ich glaube, er hat es beendet, aber ich weiß es ehrlicherweise gar nicht mehr genau. Weil es rückblickend irrelevant ist. Den Moment, für den ich ihn in meinem Leben brauchte, erlebten wir gemeinsam. Hin und wieder laufen wir uns heute über den Weg, und ich freue mich jedes Mal. Warum ich mich so freue, ist ihm wohl nicht bewusst. Denn unsere Begegnung war der Startschuss des Auslebens meiner Femininität. Er hat mir etwas Wichtiges vor Augen geführt: Dass ich nicht der Norm entsprechen muss, um glücklich zu sein oder um gemocht zu werden. Das war eine essentielle Erkenntnis, denn zu der Zeit hatte die Rückmeldung, die ich von meinem Umfeld bekam, sehr viel Gewicht – ich selbst war ja sogar in Identitätsfragen eher ein Fähnchen im Wind. Ich war auf der Suche nach mir selbst, und ich wusste nicht im Ansatz, in welcher Richtung ich mich finden würde. Mein Unterbewusstsein hat es mir eigentlich von Anfang an gesagt. Ich wollte es nur nicht wahrhaben. Vieles habe ich ignoriert und weggeschoben, in der Annahme, damit glücklicher zu sein. Zulassen, was ich wirklich wollte, konnte ich damals nicht. Aber ich lernte es. Und ich liebe, wie es heute ist. Denn mein Leben fängt erst außerhalb der Komfortzone an. Ich bin ein Macher-Mensch. Eine Freundin sagte mir einmal, dass eine meiner besten Eigenschaften die sei, dass ich einfach mache. Ich überlege mir etwas, setze es mir in den Kopf und dann nach meinen Möglichkeiten um.

WIE ICH ES SCHAFFTE, MIR MEINE WÜNSCHE EINZUGESTEHEN: EINE WEITERE WICHTIGE BEZIEHUNG

Eine weitere bedeutungsvolle Begegnung meines Lebens fand absurderweise in denselben drei Wochen statt, in denen ich diesen jungen Mann datete. Wir liefen uns auch vorher schon über den Weg, aber unsere Freundschaft begann genau in der Nacht, in der ich den Mann einem befreundeten Pärchen vorstellte, denn die beiden brachten sie mit: Es entstand eine Form von Liebe, die ich manchmal zu wenig wertschätze: Freundschaft. Nach nur wenigen Wochen waren wir sehr eng und verbrachten beinahe jeden Tag miteinander. Und jeden einzelnen habe ich genossen. Auch heute noch, wenn wir in derselben Stadt sind, verbringen wir jede freie Minute miteinander. Und auch diese Freundschaft, die bestimmt beziehungsartige Züge annahm, war wichtig für meinen Weg und meine Transition. Ich erinnere mich an zahlreiche Abende in unserer Lieblingsbar, an denen ich ihr mein Herz ausschüttete. Mit einem Wein lässt sich das Innere manchmal doch ein bisschen einfacher nach außen kehren. Vor allem, wenn es um Themen geht, die mir so viel Angst gemacht haben wie das meiner Geschlechtsidentität. Sie hörte mir zu und bekräftigte mich darin, Schritt für Schritt das zu machen, was ich mir wünschte. Ich sprach mit ihr über Hormontherapien, Haarverlängerung und -entfernung, Brustvergrößerung und natürlich über hohe Schuhe. Sie und andere enge Freundinnen haben sich größte Mühe gegeben, mich zu verstehen, mich zu unterstützen. Aber so leicht war das nicht. Keine von ihnen ist selbst trans und nur wenige queer. Also habe ich von meinen Gedanken, Plänen und Sorgen erzählt – zugehört haben Menschen, die diese Gefühle und Überlegungen selbst nicht wirklich nachvollziehen konnten. Ich werde nie einschätzen können, wie anders es ist, trans zu sein. Im Vergleich zu cis. Und ich glaube, dieser Vergleich muss nicht gezogen werden, da wir als Menschen so oder so zu individuell sind. Jedenfalls sprach ich an unzähligen Abenden in besagter Bar über diese Themen, und eigentlich war allen Beteiligten klar, was gerade passierte: Ich fürchtete mich davor zuzulassen, wer ich wirklich bin.

Mir selbst wird das vor allem am Beispiel meiner Brüste bewusst. Ich habe mir jahrelang eingeredet, keine Brüste haben zu wollen. Und das nur aus einem Grund: Es war beängstigend, darüber nachzudenken, was es bedeuten würde, mich nach eigenen Brüsten zu sehnen. Ich, damals androgyn präsentierend, hätte mit Menschen darüber sprechen müssen, dass ich mir Brüste wünsche. Mit Fachpersonal besprechen, wie sie aussehen sollen. Meinen Eltern erklären, was ich will. Auf Familienfesten mit Familienmitgliedern darüber sprechen. Meinem damaligen Arbeitgeber davon erzählen. Und zuletzt würden Brüste einen Berg Geld kosten, den ich nicht hatte. Diese Annahmen und Gedanken waren mir zu viel. Also machte ich dicht und redete mir selbst ein: Eine flache Brust ist genau das, was ich will. Alles andere wäre mir zu „extrem", redete ich mir ein. Ich habe mich aber schlicht nicht getraut. Es schien mir unmöglich zu sein. Niemals würde ich diesen Weg gehen können. Doch. Ich bin diesen Weg gegangen. Und ich habe Brüste. Sind sie groß? – Nein. Sind sie toll? – Ja, sehr! Ich hätte niemals gedacht, dass die Veränderung meines Körpers mich in diesem Ausmaß glücklich machen könnte. Die Fettverteilung eines Körpers scheint im ersten Moment nicht so ausschlaggebend zu sein. Aber es hat unglaublich viel ausgemacht. Ich fühle mich anders. Sehr viel besser. So frei. Ich fühle mich nicht mehr befreit, wie damals auf dem Kantstein sitzend und Rotwein schlürfend, sondern ich fühle mich frei. Und ich bin stolz. Wenn ich alte Fotos von mir sehe, erfüllt der Anblick mich mit Stolz. Denn ich weiß – ich hatte exklusive Einblicke –, für wie unmöglich ich es gehalten habe, jemals einen Bikini zu tragen. Oder in eine Bar zu kommen und als die Frau wahrgenommen zu werden, die ich bin. Die Person, die ich früher war, dachte manchmal, sie sei glücklich. Aber heute ist mir klar, dass ich nicht wusste, was glücklich sein bedeutet.

SCHMETTERLINGE, DATES, EIGENE MUSTER UND TRAUMATA: MEINE ERFAHRUNGEN ALS QUEERER MENSCH

Mein Dating-Leben veränderte sich mit meiner Transition. Plötzlich treffe ich überwiegend cis hetero Männer, die keine Berührung zu Queerness haben. Ich wurde einmal gefragt, ob ich eher so der „Beziehungstyp" sei. Der Wunsch nach einer Beziehung ist da, aber nach einigen Jahren des Single-Seins kann ich nicht wirklich behaupten, ein Beziehungsmensch zu sein. Und ich denke oft: Ich bin gesund, sehe besser aus denn je und verdiene im

Moment genug Geld, um mir Wünsche erfüllen zu können. Ich fühle mich einfach wohl. Und ich bin mir dieser Privilegien bewusst oder versuche, mir darüber im Klaren zu sein: *weiß* zu sein, „normschön" zu sein, also beispielsweise keiner Fettfeindlichkeit ausgesetzt, finanziell abgesichert zu sein. Was will ich mehr? Diese Frage taucht bei mir immer wieder auf. Und irgendwie bin ich doch stärker auf der Suche nach Liebe, als ich es eigentlich zugeben möchte. Jemanden an meiner Seite brauche ich nicht, um glücklich zu sein. Trotzdem ist es ein innerer Spagat zwischen dem Fokus auf mein eigenes Leben und der Offenheit für interessante Begegnungen. Manchmal ist das gar nicht so einfach.

Eine Freundin sagte mir einmal, wie bewundernswert es sei, dass ich trotz vieler negativer Dating-Erfahrungen weiterhin offen und hoffnungsvoll auf neue Bekanntschaften zugehe. Denn was wäre schlimmer, als total abzustumpfen? Und recht hat sie. Auch wenn das nicht immer einfach ist und es manchmal besser, manchmal schlechter funktioniert. Dennoch versuche ich, mir dies seither beizubehalten. Mein Fokus? Klar: Ich. Mein Leben. Wer meinen Wert nicht erkennt, mich nicht respektvoll behandelt, der kann weiterziehen. Oder? Nein: Ich ziehe weiter! Ganz aktiv als Chefin der Situation. Ja, ich weiß, ein bisschen klingt das nach Selbsthilfe – aber es ist wichtig, für mich und mein eigenes Gefühl. Wenn mich eine Person nicht angemessen behandelt, in welcher Form auch immer, gehe ich. Von zwischenmenschlichen Selbstverständlichkeiten lasse ich mich nicht mehr beeindrucken. Also meistens jedenfalls … Ich arbeite daran.

Viele Jahre meines Lebens wollte ich einfach nur „normal" sein. Ich, eine Frau, date einfach einen Mann. Einen Mann, der Fußball guckt und Urlaube mit den „Jungs" macht. Auch als queere Person war ich in diesen Stereotypen gefangen. Vor wenigen Monaten begegnete ich so einem Mann: Wir waren ein Klischee-Hetero-Paar. Er wusste nicht, wie er Hemden bügelt oder eine Waschmaschine benutzt – der wahrgewordene Traum eines heteronormativ lebenden cis Mannes. Erst fand ich es süß, aber ich wurde schnell skeptisch und bekam Zweifel, ob das so nun wirklich mein Ding ist. Also fragte ich eher spaßeshalber, ob ich ihm die Nägel lackieren dürfte. Seine Reaktion: *„Nein! Auf keinen Fall!"* Er war beinahe sauer, dass ich auf die Idee kam, ihn so etwas zu fragen. Wenige Wochen später fragte ich aus Interesse, ob er jemals einen Mann geküsst hätte. Seine Reaktion: *„Nein! Auf keinen Fall!"* Er guckte angewidert. Wieder ein paar Wochen später gingen wir gemeinsam essen. Auf dem Weg zum Restaurant fiel mein Portemonnaie herunter. Um schnell die Münzen einsammeln zu können, gab ich ihm meine Handtasche. Als ich mich mit den Münzen in der Hand wieder aufrichtete, hielt er sie am langen Arm von sich gestreckt. Nicht, dass irgendein Mensch auf die Idee käme, es könnte seine sein. Und dann fiel der Groschen – auch bei mir: Der ist's nicht. Und nicht, weil er keine Maniküre mit Nagellack möchte. Nicht, weil er keine Männer knutscht. Nicht, weil er keine Handtaschen trägt – sondern wegen seiner Reaktionen. Eine Person, die in solch einem Bild der Männlichkeit gefangen ist, wird niemals lange an meiner Seite zu sehen sein.

Komplizierter wird die Sache an diesem Punkt: dass mir als trans Frau eine möglichst feminine Wirkung wichtig ist. Zum einen kommt dieser Wunsch aus mir als Person. Ich bin schließlich als Frau in einem Körper geboren, über den mir fast die gesamte Gesellschaft zu verstehen gibt, dass er nicht weiblich ist. Also empfinde ich den Drang, möglichst feminin zu sein. Und unterbewusst glaube ich, dass ich dies auch in der Vorliebe für besonders „maskulin" aussehende Männer auslebe. Aber ich möchte nicht meine komplette Persönlichkeit mit Prägung und gesellschaftlichen Strukturen erklären. Und diese trotzdem hinterfragen. Inwieweit haben sie mich beeinflusst? Lässt sich das feststellen? Neben einem großen, breit gebauten Typen sehe ich einfach noch zierlicher, süßer aus. Das Hinterfragen dieser Vorliebe hat tatsächlich dazu geführt, dass ich eine Zeitlang das Daten von Männern komplett aufgehört und mich anderweitig umgesehen habe. Ich habe sehr schöne Erfahrungen machen dürfen. Mit Menschen, die besser und respektvoller kommunizieren als der Durchschnitt der Männer, die ich vorher datete. Aber es kam eine Angst dazu. Wenn ich eine Person kennenlerne, die kein Mann ist, und mit dieser eventuell sogar eine Beziehung eingehe, dann entwickle ich eine große Furcht davor, plötzlich eine „männliche" Rolle zu übernehmen. Was das in der Praxis bedeuten würde? Ehrlich gesagt: keine Ahnung. Es klingt auch nach ziemlichem Quatsch, aber die Angst ist real. Fragen tauchen auf. Wenn ich eine Person date, die auf den ersten Blick nicht klar „maskuliner" aussieht als ich, denken Menschen dann schneller, dass ich trans bin? Oder sogar, dass ich ein Mann bin? Es sind viele solcher Ängste und Gedanken in mir vorhanden. Und sie machen noch deutlicher, warum ich angefangen habe, die Strukturen unserer Gesellschaft zu hinterfragen. Denn genau in diesen Strukturen scheine ich selbst noch sehr tief verhaftet zu sein.

Daten ist wohl für uns alle nicht einfach. Daten, das von einem Knistern zu einem lodernden Feuer der Liebe wird – so kitschig, ich liebe es. Um in der Metapher zu bleiben: Trans zu sein ist manchmal wie feuchtes Holz im Kamin zu haben. Es gibt Menschen (aka. heterosexuelle cis Männer), die Benzin über die Scheite gießen, um es sich ein wenig heißer in ihrer Komfortzone zu machen. Sind die Dämpfe verpufft, erlischt das Feuer. War ja schließlich feucht, das Holz. Was ich damit meine? Es gibt Menschen, die erkunden trans Personen wie einen Fetisch – im Geheimen mit runtergelassenen Jalousien. Und ziehen danach schnell weiter, als wäre nie etwas gewesen. Die richtige Menge Zunder und Geduld, in Form von Aufklärung und Akzeptanz, erfahre ich selten.

Bisher hatte ich, wie bereits erzählt, in meinem Leben nur eine ernstzunehmende Beziehung. Meine erste und letzte. Es war eine schwule Beziehung, die mich allein aus diesem Grund ziemlich eingeschränkt hat. Schwul. Ich bin kein Typ, kein Mann. Und damit hat diese Beziehung auch nicht funktioniert. Gut, nicht nur, weil ich eine Frau bin, sondern auch aus anderen Gründen. Wenn Menschen mir heute erklären, wie toxische Beziehungen ablaufen, nicke ich meist und verstehe immer mehr, dass nicht nur ich alles „falsch" gemacht habe. Vor Kurzem habe ich realisiert, dass in mir diesbezüglich vieles noch „verquer" ist, oder anders gesagt: Ich erkenne Muster in meinen Handlungen, die ich heute auf meine Erfahrungen zurückführen kann: Ich war zum Beispiel mit einem Date verabredet, mein Tag war ein mittleres Chaos, also verfasste ich eine Nachricht. Ich wüsste nicht, wann ich es schaffen würde, ihn zu treffen. Ich schickte die Nachricht ab und war von seiner Antwort schockiert. Er schrieb: *„Alles gut, melde dich, sobald du es abschätzen kannst, und ich komme vorbei."* Warum ich schockiert war? Weil ich erwartete, dass er mich anbrüllen und mir sagen würde, wie schlimm es sei, dass ich mein Leben nicht auf die Reihe bekäme. So kannte ich das nämlich. Das ist etwas, was ich wieder entlernen muss. Aber nicht nur mein Exfreund, sondern auch viele andere Männer haben mich verletzt. Während ich diese Zeilen schreibe, habe ich das Dating einmal mehr aufgegeben. Weil ich ständig respektlos behandelt werde.

Als queere Person zieht es mich oft ins Internet, auch bei der Partnersuche. Und wenn ich mit einem netten jungen Mann ein Match habe, kann es gut sein, dass er dieses nach kurzer Zeit wieder auflöst, weil er die Infos in meinem Profil nicht gelesen hat, wo angegeben ist, dass ich „trans and fabulous" bin. Ja, das ist irgendwie ok, aber nicht selbstbewusstseinsfördernd. Außerdem gibt es einige Typen, die Dates mit mir haben und mich anschließend ghosten. Also von heute auf morgen den Kontakt abbrechen. Ohne Ankündigung. Ohne Erklärung. Und das ist am schlimmsten, weil ich mir dann selbst eine Erklärung an den Haaren herbeiziehe. Ich bin ein Mensch. Ich brauche Antworten. Keine Antwort ist eine Antwort. Meine Begründung dafür ist oft mein trans Sein. Früher oder später realisieren viele, was es letztendlich bedeutet, mich zu daten. Mich den Freunden vorzustellen, oder sogar der Familie.

Meine persönliche, nicht repräsentative Studie zeigt: Es ist egal, wie alt ein Mann ist, es ist egal, als wie gesellschaftlich „attraktiv" er eingestuft wird, es ist egal, ob er prominent ist oder nicht. Wenn sie mich kennenlernen, scheinen sie früher oder später kalte Füße zu bekommen. Natürlich ist es möglich, dass ich einfach eine absolut unangenehme Person bin und diese Männer das nach etwas mehr oder weniger Zeit erkennen, aber diese Option lassen wir des Spannungsbogens wegen außen vor. Außerdem glaube ich, ziemlich aushaltbar zu sein. Aber woran liegt es dann?

Und da kommt meine Theorie ins Spiel: Die meisten dieser Männer sind *weiße*, heterosexuelle, nicht behinderte cis Männer. Also eine ganz besondere Spezies. Es sind die Menschen unserer Gesellschaft, die am wenigsten bis keine Diskriminierung erfahren, am privilegiertesten sind. Natürlich gibt es Individualerfahrungen, die als Gegenbeispiele dienen können. Aber grundsätzlich geht es diesen Männern in unserer Gesellschaft gut. In der Theorie auf jeden Fall. In der Realität ist es so: Alle Menschen leiden letztlich unter dem Patriarchat, unter den toxischen Zuschreibungen, die mit den binären Geschlechterrollen einhergehen. Von Männern wird erwartet, keine Gefühle zu zeigen, niemals zu weinen, eine Familie zu ernähren, keine persönlichen Probleme zu haben – außer Aktienmarkt und Fußballergebnisse. Viele Jungen wachsen heute noch so auf.

Ein Outing gab es in den Leben der meisten dieser Männer nicht. Warum auch? Sie sind Männer, haben das im Regelfall bisher nicht hinterfragt. Und sie finden Frauen attraktiv. Sie tun also genau das, was von ihnen erwartet wird. Und trans Frauen? Fanden viele von ihnen auch schon immer irgendwie heiß. Sind doch auch Frauen, also passt's. Ich habe Folgendes gelesen: Wenn die eigene Unsicherheit eine Kategorie auf Pornowebsites hat, dann braucht es keine Unsicherheit zu sein, weil es ganz offensichtlich viele Menschen gibt, die darauf stehen. Natürlich hinkt dieser Vergleich, aber er ist auch irgendwie erfrischend. Denn woher kommen Unsicherheiten? Oft von außen. Trans Frauen stehen in den Kategorien auf den Erotikseiten in der Beliebtheit übrigens weit oben, habe ich mir sagen lassen. Also scheinen viele Menschen bzw. Männer da draußen trans Frauen eigentlich ziemlich gut zu finden. Und ja, das ist auch meine Erfahrung. An Interessenten mangelt es nicht. Und ich bilde mir ein, über die Jahre langsam eine Idee entwickelt zu haben, was in den Köpfen passiert, wenn sie den Kontakt zu mir abbrechen. Natürlich trifft das nicht auf jeden Einzelnen zu, der mich oder eine andere trans Frau erst daten und dann doch keine Nähe mehr wollte. Aber ich denke, dass ich mit meiner Theorie bei einigen richtigliege: Eine charmante Frau tritt in ihr Leben, auf die die Gesellschaft jedoch anders reagiert als auf die cis geschlechtliche Lena von nebenan. Und dann fängt sich das Gedankenkarussell an zu drehen. Wie würde wohl die Mutter reagieren, wenn die neue Flamme mit Penis geboren wurde? Oder die Freunde, die sich schon abfällig über queere Menschen geäußert haben? Das alles sind Fragen, die ein inniges Verhältnis zu mir nicht einfacher machen. Aus Überforderung reagieren die Männer schließlich mit Ablehnung.

Zurückzuführen ist das meiner Meinung nach darauf, dass trans Frauen in unserer Gesellschaft eben nicht als vollwertige Frauen wahrgenommen werden. Ich habe zum Tag der Sichtbarkeit von trans Menschen 2021 ein Foto auf meinem Social-Media-Account hochgeladen. In meinem Gesicht stand der Schriftzug „Trans women are women". Das Bild wurde unzählige Male geteilt. Und – bis auf wenige Ausnahmen – bekam ich unglaublich viel positive Rückmeldung, Kommentare und Nachrichten. Aber verinnerlichen die Menschen diese Aussage wirklich? Bedingungslos? Ich glaube nicht. Für uns trans Menschen wird eine neue, nicht ganz vollwertige Kategorie aufgemacht. Es gibt Unmengen an internalisierter Transfeindlichkeit, und zwar in einem Großteil der Gesellschaft. Die Einzelpersonen haben daran vielleicht keine Schuld, aber sie tragen eine Verantwortung, transfeindliche Annahmen in den Köpfen zu beseitigen. Und nur, weil die Intention nicht transfeindlich ist, kann ein Mensch trotzdem transfeindlich handeln oder transfeindliche Aussagen treffen.

Durch meinen immer größer werdenden Erfolg und die sich steigernde Bekanntheit kommen sie alle, einer nach dem anderen, wieder bei mir an: *„Du hast dich ja so toll entwickelt!" „Toll siehst du aus!"* – meist ohne Entschuldigung. Es ist noch genug Selbstachtung übrig, dass ich kein weiteres Mal auf sie hereinfalle. Zumindest versuche ich es. Außerdem habe ich eine Regel aufgestellt: Du willst mich verstecken? Du kannst dir nicht vorstellen, Hand in Hand mit mir durch die Straßen zu gehen oder mich deinem Freundeskreis vorzustellen? Dann date ich dich nicht. Verstecken wollen mich viele. Ich werde als trans Frau oft fetischisiert. Aber: Ich bin kein Fetisch.

Ich bin kein Experiment oder Abenteuer. Dass mit Phänomenen wie Ghosting beinahe alle Menschen, die daten, Erfahrung haben, möchte ich keinesfalls bestreiten. Das ist mir bewusst. Mir ist allerdings auch bewusst, dass das bei mir in gehäufter Form auftritt. Das macht es schwer. Ich male mir schon vorab Reaktionen aus, stelle mich auf Enttäuschungen ein oder ich verzichte auf Dating.

DAS ABSPRECHEN VON IDENTITÄT: DIE AUSWIRKUNG AUF MICH UND MEIN SELBSTBILD

Ein wichtiger Bereich, durch den die Sicht auf trans Personen beeinflusst wird, besteht einmal mehr (was ich später noch etwas detaillierter ab Seite 186 ausführen werde) aus: den Medien. Denn: Wie werden trans Menschen repräsentiert? Bleiben wir bei einem fiktiven Beispiel anhand der Männer, die ich gedatet habe: Wahrscheinlich würden deren Familien und Freundeskreise behaupten, „so etwas" in ihrem Umfeld nicht zu kennen. Daher sind ihre einzigen Berührungspunkte zu trans Frauen: Medien, Filme und Social-Media-Plattformen. Und diese prägen ihr persönliches Bild einer trans Frau. Wenn in Filmen eine trans Frau von einem cis Mann gespielt wird, der sich verkleidet, bekräftigt dies die Sichtweise, trans Menschen seien einfach nur kostümiert. Was das bedeuten würde? Zum Beispiel, dass ein Mann, der auf eine trans Frau, in dieser Perspektive also auf einen verkleideten Mann, steht, wiederum schwul ist.

Ich bin kein verkleideter Mann. Ich suche mir nicht morgens aus, eine Frau zu sein. Ich weiß, dass ich eine Frau bin. Ich kann das nicht am Abend ablegen wie ein Kostüm. Und bei all den schwierigen Erfahrungen, die ich schildere, sollte eigentlich allen klar sein, dass ich mir das trans Sein nicht ausgesucht habe – und, hätte ich die Wahl, wohl niemals aussuchen würde. Wer würde schon freiwillig das alles erleben wollen? Ich bin der Mensch, der ich bin. Ich hatte nie eine Wahl. Menschen, die behaupten, dass queere Menschen eine Wahl hätten, queer zu sein oder nicht, schließen vielleicht von sich selbst auf andere. Haben sie queere Wünsche und Bedürfnisse, gegen die sie sich bewusst entscheiden? Oder woher kommt die Schlussfolgerung?

Unsere Gesellschaft ist homofeindlich, durch und durch. Reproduziert durch Medien, das System, das Patriarchat, die Umgebung ... wahrscheinlich von überall auf Betroffene einprasselnd. Auch wenn schwule, *weiße* cis Männer immer mehr in der Mitte unserer Gesellschaft ankommen und nicht mehr um jede Repräsentation kämpfen müssen, gibt es nach wie vor Unmengen an Vorurteilen und Klischees, die endlich aus allen Köpfen weichen müssen. Außerdem: Die Erfahrung mit mir ist für einen Mann definitiv nicht homosexuell, da ich eine Frau bin. Aber dies ist noch längst nicht überall angekommen. Also fürchten sich einige Männer davor, mich zu daten.

Diese immer wiederkehrenden Szenarien haben in mir mittlerweile einige Spuren hinterlassen. Schon im Anfangsstadium des Kennenlernens empfinde ich absolute Verlustangst. In jedem Moment könnte passieren, dass mir nicht mehr geantwortet wird. Ich arbeite mit meinem Handy und habe es eindeutig zu viel in der Hand. Bedeutet auch: Ich sehe Nachrichten zeitnah. Vor allem von Menschen, die ich spannend finde. Persönlich habe ich keine Lust auf Spielchen, aber an manchen Tagen antworte ich ab einer gewissen Uhrzeit nicht mehr, um zu wissen, dass ich am nächsten Morgen noch etwas zum Antworten habe. Manchmal schreibe ich eine gewisse Zeit lang nicht zurück, weil ich somit weiß, dass der Ball gerade bei mir liegt. Und solange der Ball bei mir liegt, kann mein Gegenüber den Kontakt nicht abbrechen. Dieses Verhalten ist mit Sicherheit nicht gesund. Und es führt dazu, dass ich für potentielle Romanzen schnell anstrengend und besitzergreifend wirke. Dabei befürchte ich einfach, erneut fallen gelassen zu werden wie eine heiße Kartoffel – ohne dass das Gegenüber den Anstand aufbringt, sich zumindest zu „verabschieden". Was ich möchte? Mit Respekt behandelt werden. Im Grunde eine zwischenmenschliche Selbstverständlichkeit.

Das Gegenmittel: Selbstliebe. Was ich oft höre: Verhält sich ein Mensch falsch, dann liebt und akzeptiert er sich selbst nicht genug. Dann ist dieser Mensch nicht reflektiert genug. Du kannst erst jemanden lieben, wenn du dich selbst liebst. Und bis zu einem gewissen Grad stimmt das, denke ich. Wenn ich schlecht behandelt werde, hat es mir oft geholfen zu reflektieren, was in meinem Gegenüber gerade passiert. Und bricht jemand den Kontakt mit mir ab, dann hat diese Person Angst oder andere eigene Probleme. Aber wann liebe ich mich selbst genug? Wann liebe ich mich selbst genug, um andere lieben zu können? Was ist Selbstliebe? Lange Zeit habe ich diese Fragen zu oberflächlich betrachtet. Ich habe mich selbst zu oberflächlich betrachtet. So langsam weiß ich ziemlich genau, wie ich aussehe, und bin mir meiner selbst bewusst. Ich kenne mich immer besser. Ich weiß, wie ich rede. Ich kenne meine Körperhaltung, meinen Gang. Und all das finde ich auch vollkommen in Ordnung an mir. An guten Tagen finde ich mich überdurchschnittlich attraktiv, meistens eigentlich ganz witzig – und meinen Charme weiß ich auch einzusetzen. Die letzten Jahre bin ich außerdem gut darin geworden, Zeit alleine zu genießen und Unternehmungen umzusetzen. Ist das dann Selbstliebe oder fehlt dazu doch noch etwas? Leider steht ja nicht irgendwann irgendwer vor meiner Tür und sagt mir: *„Hallo Frau Kühnert, hiermit überreiche ich Ihnen feierlich das Zertifikat der Selbstliebe.*

Sie sind nun bereit zu lieben und geliebt zu werden." Das wäre auch zu einfach. Ich als Mensch werde mich immer weiterentwickeln und so auch immer wieder neue Seiten an mir entdecken, und ja, ich werde versuchen, diese zu lieben oder mindestens zu akzeptieren. Dazu bin ich selbstbewusst genug.

Wir haben alle ein Verhältnis zu uns selbst, und dieses Verhältnis verändert sich. Wegweisend waren für mich die vielen Jahre, in denen ich Inhalte für Social-Media-Plattformen erstellt habe. Seit meinem 14. Lebensjahr mache ich Fotos, Videos und Audioaufnahmen von mir. Und das hilft, ernsthaft. Ich habe mir das Produzierte sehr oft angeschaut, bevor es hochgeladen wurde. Also: mich selbst. Ich habe gesehen und erkannt, wie ich rede, wie ich gucke, wie ich lache, wie ich stehe, wie ich aussehe, wenn ich unsicher bin oder wenn ich mich freue. So bin ich mir selbst bewusster geworden. Selbstbewusstsein kommt aus dem Bewusstsein des eigenen Selbst. Sich selbst bewusst sein. Nicht mehr und nicht weniger. Selbstbewusstsein wird oft mit Selbstliebe gleichgesetzt, es ist für mich vielmehr mit Selbstreflexion gleichzusetzen. Ich agiere ruhiger und souveräner, seit ich weiß, wie ich bin.

Auch ich habe Tage, an denen ich nicht selbstbewusst im klassischen Sinne bin. Vor allem im Dating-Kontext. Schon oft habe ich mich gefragt, ob mich überhaupt jemals jemand lieben können wird. *„Ach, das geht irgendwann schneller, als du gucken kannst!"* – diesen Satz hörte ich schon mehrfach. Na, mal sehen. Oft läuft das Kennenlernen nämlich deckungsgleich ab: Das erste Treffen löst Begeisterung aus, die für zwei bis fünf Wochen anhält, und dann realisiert mein Gegenüber, dass ich schon ziemlich cool bin. Und liebevoll. Und witzig. Aber auch, dass etwas fehlt, um sich wirklich an mich zu binden. Woran das liegt, habe ich schon oft versucht zu analysieren. Das

Ergebnis meiner Analyse variiert zwischen Minderwertigkeitskomplexen, die ich auslöse, bis zu der Annahme, dass ich einfach anstrengend bin. Eben genau durch die vielen schlechten Erfahrungen habe ich mir Verhaltens- und Denkweisen angewöhnt, die anstrengend sein können. Verlustangst gepaart mit Bindungsangst. Wie das geht? Vielleicht könnte meine Therapeutin das beantworten. Dass das mit meinem trans Sein zu tun hat, weiß ich. Denn viele Menschen behandeln mich anders als cis Frauen. Also bin ich der festen Überzeugung, dass mein Liebesleben deutlich simpler wäre, wäre ich cis. Vielleicht hätte ich dann heute schon meinen Jugendschwarm geheiratet?

Es gibt immer wieder Menschen, die mir klar das Gefühl vermitteln, dass es möglich ist, sich in mich zu verlieben. An diese Erfahrungen klammere ich mich. Einer freute sich so sehr darauf, mich wiederzusehen, dass er es mit der kindlichen Freude an den letzten Tagen vor Weihnachten verglich. Das führte dazu, dass wir den Witz fortführten, er im September quer durch die Stadt zu einem das ganze Jahr geöffneten Weihnachtsgeschäft fuhr und ich am Tag unseres Treffens mit Weihnachtsgeschenk vor seiner Tür stand. Es gab passende Musik, Deko, Glühwein, Lebkuchen und einen Weihnachtsbaum. In diesem Moment dachte ich, den Mann getroffen zu haben, den ich heiraten würde. Ich lag falsch. Aber für das, was er getan hat, werde ich ihm noch lange dankbar sein. Er hat mir das Gefühl gegeben, etwas ganz Besonderes zu sein. Und nicht anders zu sein, weil ich trans bin. Er hat mir das Gefühl gegeben, mich lieben zu können, auch wenn er später erkannte, es doch nicht zu tun. Was für mich wiederum sehr viel Leere bedeutete. Und es hatte zur Folge, dass ich für ganz schön lange Zeit kein Interesse mehr daran hatte, mich erneut einer anderen Person zu öffnen.

Schon oft wurde mir von Menschen geraten, nicht in eine Opferrolle zu verfallen. Tatsächlich wurde mir das eigentlich immer von *weißen*, gesunden, heterosexuellen cis Männern geraten – den Diskriminierungsexperten. Wahrscheinlich sind das dieselben, die sagen, es gäbe den Gender Pay Gap nur, weil Frauen sich nicht auf die richtigen Stellen bewerben würden oder sich nicht genug anstrengen. Ich bin kein Opfer, und ich verfalle in keine Rolle, nur weil ich über Diskriminierungserfahrungen spreche.

TRANSFEINDLICHE ARGUMENTE, ÜBERGRIFFE, VERÄNDERUNG UND FEMINISMUS

Stereotype Rollenbilder inklusive diskriminierendem Gedankengut werden in unserer Gesellschaft seit Jahrhunderten geprägt. Es gibt einerseits die internalisierte Transfeindlichkeit – meist subtil und unabsichtlich. Und es gibt die Art von Transfeindlichkeit, die mir, offen und ohne ein Geheimnis daraus zu machen, mein Frausein abspricht. Mit „Argumenten". Im Folgenden werde ich über diese Transfeindlichkeit schreiben. Aber auch darüber, was es bedeutet, als männliche Person gelesen zu werden, und was es heißt, als weibliche Person wahrgenommen zu werden. Denn: Ich kenne beides.

Wenn mir als trans Frau versucht wird das Frausein abzusprechen, wird oft damit argumentiert, dass ich als trans Frau anders sozialisiert worden wäre. Die Erfahrung, als cis Frau in unserer Gesellschaft heranzuwachsen, sei so bezeichnend, dass ich nun als Erwachsene keine echte Frau sein kann. Wurde ich anders sozialisiert als eine cis Frau? Mit großer Wahrscheinlichkeit. Meine cisgeschlechtliche, kleine Schwester ist mein gesamtes Leben an meiner Seite. Und es gibt Unterschiede. Unter diesen Unterschieden sind aber auch solche, die auf unsere individuellen Charaktere und unser Alter zurückzuführen sind. Egal, ob trans oder nicht. Aber es ist richtig, wir wurden nicht identisch großgezogen. Nicht von einem Umfeld, in dem mir geraten wurde, meine Haare kurz zu schneiden und kein Make-up zu tragen, in dem ihr aber empfohlen wurde, süße Kleidchen anzuziehen und die Haare zu locken, in dem mir zur Konfirmation eine teure Uhr geschenkt wurde und sie eine Designerhandtasche bekommen hat. Es gibt eindeutige Unterschiede.

In gewisser Weise war die Behandlung meiner Schwester genau die, die auch ich gern erfahren hätte. Wir spielten beide gern mit Puppen. Sie durfte sie ganz offiziell toll finden. Ich habe immer gespürt, dass das, was ich mache oder wie ich bin, irgendwie zu verheimlichen ist, nicht der Norm entspricht, Menschen zum Schmunzeln bringt. Folglich habe ich meine Wünsche nicht geäußert und mir sehr schwer damit getan, diese selbst zu akzeptieren. Wahrscheinlich ist das auch ein wichtiger Grund für meine regelrechte Flucht, nachdem ich mein Abitur in der Tasche hatte. In Berlin konnte ich freier leben.

Als ich jugendlich war, wollte ich vieles machen, was meine Schwester tat. Wozu sie die Möglichkeit hatte, ich jedoch nicht. Ich wollte Bikinis und Kleider tragen. Heimlich habe ich mir Kleidung angezogen, die nicht meine war. Doch dann gab es diese Beule in der Hose. Schrecklich. Keine Taille. Breite Schultern. Aufgeregt habe ich mir etwas übergestreift, um dann ernüchtert festzustellen, wie schrecklich peinlich ich mich selbst darin fand. Aber ja, ich fand es auch irgendwie schön, erkannte mich darin – sonst hätte ich es kein weiteres Mal getan. Ich versuchte es wieder und wieder und fühlte mich immer unwohl. Obwohl ich wusste, dass es genau das war, was ich wollte.

Besuchte ich meine Tante, spielte ich mit ihren hohen Schuhen. Sie hatte eine Schrankwand voll mit Schuhkartons. Direkt darauf waren Fotos der innenliegenden Schuhe geklebt. Ein Traum für meine Kinderaugen. Meine absolute Lieblingsbeschäftigung war es, die verschiedenen Modelle anzuziehen. Natürlich hatte ich damals deutlich kleinere Füße als meine Tante, aber das war egal. Darum ging es nicht. Je höher und ausgefallener die Schuhe, desto besser. So lief ich den Flur entlang, auf und ab. Ich habe es geliebt. Ich bin sicher, dass mein frühes Üben zu meinem heute sicheren Laufen auf ganz hohen Hacken geführt hat. Und damals konnte ich mir nicht vorstellen, selbst mal ein solches Schuhregal zu besitzen und selbstbewusst auf Zwölf-Zentimeter-Pfennigabsätzen durch die Welt zu schreiten. Zu dieser Zeit habe ich mich bei meiner Tante freier gefühlt als bei meinen Eltern. Vielleicht ist es auch einfacher, ein Kind frei zu lassen, das nicht das eigene ist.

Meine Mutter hatte mehr Angst. Angst, dass ich Anfeindungen erlebe, Angst, dass ich nicht glücklich werden würde. Und ihr erster Instinkt war, dem zu folgen, was sie bereits kannte: einen konservativen Lebensstil, ein Anpassen an gesellschaftliche Normen. Mit den Jahren hat sich aber auch das langsam gewandelt. Meine Mutter und ich sind gemeinsam gewachsen. Für sie war der Spagat sicher nicht einfach zwischen der Sorge um mein Wohl, der Meinung anderer und meinen Wünschen nach Dingen, die Jungs in den Augen der Gesellschaft nicht wollen sollen.

Ich wollte meine Haare färben, blondieren, Leggings tragen. Irgendwann habe ich mir ein Paar auffällige Schuhe bestellt. Sie hatten Schnallen und Cut-Outs. Meine Mutter hat sie zurückgeschickt, während ich in der Schule war. Für mich. Priorität hatte mein Wohl. Sie wusste, wie ich in der Schule behandelt wurde, auch ohne diese Schuhe. Dass das Zurückschicken zwar nur zu Streit und zu keiner nachhaltigen Lösung führte, hätte sie ahnen können. Aber sie wusste es nicht besser. Und deshalb mache ich ihr keine Vorwürfe. Sie hat immer nach bestem Wissen und Gewissen mit sehr viel Liebe gehandelt. Ich bin nie eingeschlafen, ohne eine Diskussion zu klären und den Streit aus der Welt zu schaffen. Ich weiß, dass ich meine Mutter zu jeder Tages- und Nachtzeit anrufen kann. Sie hilft mir bei Alltagsdingen, zum Beispiel, wenn ich nicht weiß, wie ich besondere Stoffe am schonendsten wasche, aber genauso gibt sie mir Tipps dazu, wie ich mit Rückschlägen umgehe, meine Transition angehe oder meine Karriere plane. Sie ist mein größtes Vorbild. Und manchmal denke ich, so eine liebende, sich kümmernde Mutter werde ich selbst niemals sein können. Heute höre ich in recht regelmäßigen Abständen, dass ich aussehe wie sie, und es gibt kaum ein schöneres Kompliment, das mir gemacht werden könnte. Ich liebe sie aus vollem Herzen.

In meiner rebellischen Phase (für meine Nieten hätte ich beinahe einen Waffenschein gebraucht) sah ich also recht interessant aus. (Das Bild meiner Augenbrauen und der etwas spezielleren Frisur habe ich im ersten Kapitel bereits gezeichnet.) So interessant jedenfalls, dass es nicht immer den Geschmack aller Familienmitglieder getroffen hat. Und das war letztlich ja auch Sinn und Zweck dieses außergewöhnlichen Stylings. Dass einmal der Tag kommt, an dem meine Oma mein Kleid schön findet und mein mittlerweile doch ziemlich klassisches Aussehen, hätte ich nicht gedacht. Aber es ist passiert. Mittlerweile ist eher meine Schwester mit Buzz Cut (sehr kurz rasierte Haare) und selbstgebastelten Ohrringen die, die beäugt wird. Aber niemals böswillig. Denn nicht nur ich habe mich weiterentwickelt, sondern meine ganze Familie. Es geht nicht mehr darum, was die Leute in der Nachbarschaft denken könnten, sondern darum, dass wir glücklich sind, Spaß haben und mit unserem Leben das machen, was sich richtig anfühlt. Meine Eltern sind über 50 Jahre alt geworden, bevor sie sich entschieden haben, vegetarisch zu leben. Unser Weihnachtsessen war früher traditionell, mit Fleisch und allem Drum und Dran, heute ist es fast zur Gänze vegan. Wird in einer Sendung nicht gegendert, schauen wir uns an und finden die Produktion tendenziell unsympathisch. Was ich damit sagen will: Es ist viel passiert. Mit uns allen. Jede Person unserer Familie hat sich weiterentwickelt und wird das auch weiterhin tun. Gemeinsam und einzeln.

WEIHNACHTSÜBERRASCHUNGEN, DER KAMPF GEGEN MEINE ÄNGSTE UND DAS NIEDERREISSEN VON MAUERN

Weihnachten befindet sich bei uns ganz weit oben auf der Beliebtheitsskala der Feiertage. Zeit gemeinsam zu verbringen, den Kamin anzumachen, Spiele zu spielen und ganz viel zu lachen – so fühlt sich meine Familie am wohlsten. Und natürlich sind an solchen Tagen auch ab und zu Familienmitglieder unter uns, die mich und meine Geschwister eher seltener sehen. Für mich bedeutete das viele Jahre lang großen emotionalen Stress: Wie ziehe ich mich an? Wie gebe ich mich? An diesen Events stand ich als Kind gern im Zentrum der Aufmerksamkeit, und ich habe die ganze Gesellschaft unterhalten. Mit den Jahren wurde ich deutlich stiller, weil ich unsicherer wurde. Je mehr ich verstand, dass ich nicht den heteronormativen

Standards entspreche, desto eher begann ich mich an solchen Tagen so zu kleiden, wie es meiner Familie gefallen würde, aber nicht, wie ich mich gut fühlte. Mich so im Spiegel zu betrachten, tat weh. Ich wusste nicht, wohin mit mir oder wie ich das jemals ändern können würde. Ich fand mich über die Jahre damit ab. Denn: Verstellen wir uns nicht alle ein wenig, wenn wir Zeit mit den Großeltern verbringen? Irgendwann wurde die Diskrepanz zwischen meiner Person in Berlin und der in meiner Heimat so groß, dass der Spagat unmöglich wurde. Zu Weihnachten konnte und wollte ich mich nicht mehr anders stylen, nur damit nicht auffiel, dass ich mein Leben eigentlich ganz anders führte.

An einem Weihnachtsfest vor ein paar Jahren war es also so weit. Ich sah aus wie ein komplett anderer Mensch. Von einem auf das andere Jahr wichen ein klassischer Kurzhaarschnitt und Bartstoppeln, Smokinghose und schwarzes Oberhemd einem schulterlangen Bob mit Pony, Wimperntusche und lackierten Nägeln. War diese Vorgehensweise ideal für mich oder andere Beteiligte? Wahrscheinlich nicht. Aber: Ich konnte mich nicht weiter verstellen. Also habe ich es nicht mehr getan. Alle am Tisch, die unter 80 Jahre alt waren, konnten es irgendwie verkraften. Eigentlich habe ich kaum Reaktionen auf mein verändertes Aussehen bekommen, was ich grundsätzlich gut fand. Ich nutzte damals noch meinen Deadname, also den Namen, den meine Eltern mir gegeben hatten. Es handelt sich um einen klar „männlichen" Vornamen, und das war in der Kombination mit meinem Äußeren tendenziell verwirrend.

Von unserem ältesten Familienmitglied kam immer wieder die Frage: *„Wer ist das?"* Irgendwie intuitiv saß ich auf der Seite des Tisches mitten zwischen meinen Geschwistern und den jungen Leuten, geschützt vor zu vielen bohrenden Fragen. Dennoch wurde immer wieder nachgehakt, wer ich denn sei. Alle zehn Minuten wurde die Antwort auf die Frage krankheitsbedingt wieder vergessen. Ich saß also beim Weihnachtsessen, noch meinen alten Namen verwendend, mit meiner Geschlechtsidentität ringend. Und in regelmäßigem Abstand hörte ich die Frage meine Person betreffend, die wiederum jedes Mal mit meinem Deadname, mit dem ich mich damals schon nicht mehr identifizierte, beantwortet wurde. Solche Abende kosteten sehr viel Kraft. Denn die Frage, wer ich eigentlich sei, kreiste ohnehin schon dauerhaft in meinem Kopf.

Heute frage ich mich manchmal, ob ich, zumindest teilweise, so gut für mich einstehen kann, weil es mir als junger Mensch in einem anderen Ausmaß beigebracht wurde, genau das zu tun – anders, als es in der Regel bei cis Frauen der Fall ist. Die Studien, die belegen, dass Männer im beruflichen Kontext beispielsweise eher für ein höheres Gehalt oder bessere Arbeitsbedingungen einstehen können und sich tendenziell öfter über- als unterschätzen, sind bekannt. All das ist sicher eng verknüpft mit Erwartungen der Gesellschaft. Wir erfahren diese Prägung sehr früh. Und in meinen jungen Jahren wurde ich eher „wie ein Junge" behandelt. Also trage ich davon etwas in mir. Trotzdem habe ich meine eigene selbstbewusste Persönlichkeit nicht ausschließlich durch äußere Einflüsse entwickelt. Aber: Meine Sozialisierung war sicher ein Baustein dieser Persönlichkeit. Macht es mich weniger zur Frau? Nein. Denn jede Frau hat individuelle Erfahrungen. Jeder Weg ist unterschiedlich.

Ich als trans Kind und Jugendliche hatte keine Periode und weniger Probleme mit struktureller Benachteiligung, gleichzeitig hatte ich sehr viele Hürden zu überwinden und steckte in einer gesellschaftlichen Rolle, die für mich schließlich ins Nichts führte. Und nur, weil ich eine Frau bin, sind cis Frauen nicht weniger Frau.

Durch meine Sozialisierung und die Erwartungen der Gesellschaft, denen ich entsprechen sollte (aber nicht konnte), hatte ich eine stetige Begleiterin: die Angst, verpönt zu werden, nicht ernst genommen zu werden. Ich kenne die Furcht vor Zurückweisung und der Zuschreibung von Abnormalität seit meiner Kindheit. Heute ist sie nach hinten gerückt, aber es war wichtig, mich intensiv mit ihr auseinanderzusetzen. Woher kommt die Angst, nicht gemocht oder sogar belächelt zu werden? Das hinterfrage ich vor allem deshalb, weil diese Unsicherheiten einen großen Raum in meiner Geschichte einnehmen. Meine Therapeutin fragt oft nach, um die Ursprünge in meiner Kindheit zu finden. Wenn ich heute Verlustängste wahrnehme zum Beispiel.

Für das Entstehen meiner Ängste, die mich lange davon zurückhielten, mich wirklich auszuleben, gibt es Anhaltspunkte in meiner Kindheit. Meinen Großvater. Der Inbegriff der Konservativität. Alles, was von der Norm abwich, war falsch, schlecht, zu belächeln. Dass er cis geschlechtlich und *weiß* ist, brauche ich an dieser Stelle eigentlich nicht zu erwähnen. Wenn er durch die Fußgängerzone schritt, musste ihm Platz gemacht werden. Das Lied „I Kissed a Girl" von Katy Perry war Grund genug, das Radio abzuschalten. Sah er einen Menschen, der nicht dem körperlichen Schönheitsideal entsprach, beim Baden, machte er laute „Witze", die alle mitbekamen. Es mussten aber genauso schwule Männer, androgyne Menschen, „maskuline" Frauen oder alle anderen, die nicht seiner Vorstellung der Normalität entsprachen, als Grundlage für gehässige Sprüche herhalten.

Auch ich bekam das zu spüren. Je älter ich wurde, umso überzeugter waren Erwachsene in meinem Umfeld, ich würde ein schwuler Mann werden. Vielfach werden solche konkreten Annahmen aufgrund von Interessen oder dem Verhalten einer Person gemacht. Und je mehr dieser Verhaltensweisen ich zeigte, umso tiefer empfand ich in seinem Ansehen zu sinken.

Das menschliche Gehirn ist manchmal besonders gut darin, Unangenehmes zu vergessen, so habe ich kaum noch Erinnerungen daran. Vielmehr sind es Emotionen, die ich abgespeichert habe. Eine Situation ist nach wie vor präsent – als sei es gestern gewesen. Ich war zu diesem Zeitpunkt etwa 13 oder 14 Jahre alt und verbrachte einen letzten Sommer auf dem Segelschiff meines Großvaters. Mit meinen Geschwistern hatte ich das von klein auf sehr gerne getan. In den Sommerferien waren wir am liebsten wochenlang unterwegs und besegelten die Ostsee. Von diesen Sommern habe ich noch viele positive Erinnerungen, die alle geblieben sind. Das erste Mal das Steuer übernehmen, vor einem unbebauten Stück Land ankern und mit Schlauchboot an Land fahren, um dieses zu erkunden, unzählige Sonnenuntergänge und Abendessen. Die Yacht war groß, so groß, dass es eine leiterartige Treppe aufs Deck gab. Unten befanden sich die Kojen, die Bäder, die Küche, Stauraum ...

An jenem Tag saß mein Opa oben an Deck und trank ein Glas Wein. Alle anderen an Bord waren beschäftigt. Das Tagewerk war großteils vollbracht, wir lagen in einem Hafen, die Sonne schien noch kräftig, und wir bereiteten uns auf einen entspannten Abend vor. Als Teenager beschäftigte ich mich mit diesem und jenem und holte ständig weitere Sachen nach oben in die Sonne, die ich gerade zu gebrauchen glaubte. Mein Teenagergehirn war nicht sonderlich strukturiert. Also lief ich mehrfach hin und her, hoch und wieder runter. Ein sich die Zeit vertreibender Teenager eben. Ein bisschen tollpatschig, das gebe ich zu. Also stieß ich beim Herauf- und Herabsteigen an die Rotweinflasche, die auf dem Boden stand. Sie wackelte, nichts geschah. Mit unfreundlichem Ton wurde ich trotzdem angeraunzt. Mein Großvater reagierte über, der Ton war dem, was passiert war, nicht angemessen: Es war ja gar nichts passiert. Die Flasche bewegte sich kurz von der einen zur anderen Seite und kam schließlich wieder in ihrer Ausgangsposition zu stehen. Ich realisierte, dass ich erneut etwas vergessen hatte, und war im Begriff, wieder hinabzusteigen. Ich stieß ein weiteres Mal gegen die Weinflasche. Diese vollzog dasselbe Tänzchen. Wieder kippte sie nicht. Aber dieses Mal war die Reaktion noch unverhältnismäßiger. Meine Erinnerungen werden unkonkret, aber mein Großvater wurde laut und stieß mich die Treppe hinunter. Mein Glück war, dass ich mich halbwegs abfedern konnte. Ich schlug nicht mit dem Kopf am Esstisch auf, der unweit vom Abgang stand. Seelisch hatte ich damit definitiv eine Weile zu kämpfen. Und ich bin froh, dass ich das nicht alleine ausmachen habe müssen. Als ich die Schockstarre überwunden hatte, eilte ich zu meiner Schwester und erzählte ihr, was passiert war. Schnell war uns klar, dass niemand von uns auf diesem Boot bleiben wollte. Also schlossen wir uns im Badezimmer ein und riefen unsere Mutter an. Sie war schockiert und holte uns baldmöglichst ab. Die Stimmung nach diesem Vorfall war eisig. Nicht nur die Stunden, die darauf folgten und die wir noch dort verbrachten, sondern auch die Wochen und Monate danach. Ob und in welcher Form Gespräche unter den Erwachsenen darüber geführt wurden, weiß ich nicht.

Ein Tag, der meine Angst, ich selbst zu sein, bekräftigt hat. In mir kam die Frage auf, was geschehen wäre, wenn die gleiche Situation mit einem meiner Geschwister eingetreten wäre. Es waren genau die Jahre, in denen ich immer aktiver von der „Norm" abwich.

Die Zeiten haben sich geändert, und das möchte ich an dieser Stelle nicht unterschlagen. Das wäre unfair. Einige Jahre nach dem Vorfall hatten sich die Wogen einigermaßen geglättet. Die Normalität war zurück. Nur die Segelurlaube, die machten wir nicht mehr. Mein Großvater brach sich die Schulter. Der selbsternannte tolle Hecht konnte sich nicht mehr alleine an- oder ausziehen. Und – so habe zumindest ich die Situation wahrgenommen – das führte bei ihm zu einem Umdenken. Was im Leben ist eigentlich wichtig und was nicht? Körpergewicht oder Queerness sind gegen bloßes Existieren und Gesundheit eben doch nur unbedeutend auf der Skala der Relevanz. Und so passierte es, dass mein Großvater, jedenfalls in meinen Augen, eine 180-Grad-Wendung hingelegt hat. Meine Tattoos? – Eigentlich ganz witzig. Meine damalige homosexuelle Beziehung? – Mein Exfreund war bei jedem Familienessen eingeladen (mitgekommen ist er nie, ich weiß nicht warum, vielleicht war er noch gebrandmarkt davon, dass er sich vor meinen anderen Großeltern verstecken musste). Mein Lebensweg? – Etwas, auf das er stolz sein kann. Und ich bin trotz allem stolz auf ihn.

Neben meinem Opa gab es noch weitere männliche Personen in meinem Leben, die mir wichtig sind. Der, dem ich wohl am ähnlichsten bin, ist mein Vater. Schon früh hat sich herauskristallisiert, dass ich viele seiner Eigenschaften habe: meine Schlagfertigkeit, meinen Charme und viele weitere Charakterzüge ... Leider hat er sehr viel gearbeitet und war kaum zu Hause. Ein absolutes Luxusproblem, klar, aber gesehen habe ich ihn deshalb, vor allem wochentags, kaum. Besonders weil wir uns so ähnlich sind, vermute ich, haben wir eine spezielle Verbindung. Er stand, genau wie mein Bruder, hinter mir, und sobald jemand ein Problem mit mir zu haben schien, agierten sie als meine Verteidiger. Ich musste erwachsen werden, um zu verstehen, warum ich bei Rangeleien gegen meinen größeren und kräftigeren Bruder so oft gewann: Er hätte mir niemals wirklich wehgetan. Ich war da etwas skrupelloser.

BIOLOGIE, KLISCHEES UND PRÄFERENZEN

Und damit komme ich zu einem weiteren „Argument", warum ich als trans Frau angeblich keine richtige Frau sein kann. Laut transfeindlichem Gedankengut. Weil ich kein Kind gebären kann. Weil ich keine Periode und keine Gebärmutter habe. Aber das ist mir schlichtweg zu kurz gedacht. Ich bin eine Frau, und meine Lebenserfahrung als Frau ist damit auch valid. Zudem kann auch nicht jede cis Frau ein Kind gebären. Nicht jede cis Frau menstruiert, und auch nicht jede cis Frau hat eine Gebärmutter. Wir sind individuell. Das Argument des nicht erfüllbaren Kinderwunsches ist auch bei Männern beliebt, die damit begründen, warum sie trans Frauen nicht daten möchten. Sie wollen unbedingt „eigene" Kinder. Weisen alle diese Männer ein ärztliches Attest auf, das sie selbst als zeugungsfähig beurteilt? Und holen sie sich ein solches auch von einer cis Frau ein, bevor sie diese auf einen Drink einladen? Ich wage es zu bezweifeln. Es gibt viele unterschiedliche Lebensformen, und es gibt andere Möglichkeiten, sich einen Kinderwunsch zu erfüllen. Egal, ob trans, nicht trans, gebärfähig, nicht gebärfähig.

Argumente, die mein Frausein in Frage stellen oder versuchen, es mir abzusprechen, hören hier meistens auf. Oder die Biologie wird ins Spiel gebracht. Es sei nicht natürlich. Die Wissenschaft ist sich jedoch einig, dass es mehr als nur zwei Geschlechter gibt. Wie sollte es auch möglich sein, dass alle Menschen strikt in zwei Kategorien von Geschlecht eingeteilt werden können. Welche körperlichen Ausprägungen oder menschlichen Eigenschaften sind schon strikt in zwei Lager einteilbar? Es gibt immerhin nicht nur schwarze und blonde Haare. Sondern Menschen mit grauen, braunen, roten, gefärbten, gesträhnten, in der Sonne heller werdenden Haaren. Und ja, es gibt Menschen ohne Haare. Auch wenn dieses Beispiel nicht

1:1 übertragbar ist, bleibt die Wahrheit: Alles, was ich aufgezählt habe, sind Haare. Niemand würde auf die Idee kommen, den Haaren ihr Haarsein abzusprechen. Nicht wahr? Was liegt Menschen also daran, mir meine Lebensrealität, meine Geschlechtsidentität abzusprechen?

Das Haarfarbenbeispiel kommt übrigens nicht von mir selbst, sondern aus einem Kommentar unter einem meiner Social-Media-Beiträge. Ich glaube, es ist der absurdeste Kommentar, den ich jemals erhalten habe – mindestens unter den Top drei:

„Hallo, habe grad dein Video [...] gesehen und möchte noch einmal nachhaken. Ich bin nicht lgbtq+ mäßig [...] im Bilde, deswegen möchte ich mich jetzt schon dafür entschuldigen, falls sich jemand angefeindet fühlt. Ein anderes Beispiel: Wenn ich sage, ich habe eine Präferenz für rothaarige cis Frauen, aber die Dame beim Date nicht natürlich rothaarig ist, sondern sich lediglich die Haare gefärbt hat, aber mir das aufgefallen ist, weil mir das wichtig ist. Bin ich dann transphob?"

Um die Frage zu beantworten, müsste ich wohl meine Friseurin zu Rate ziehen. Die häufigste Reaktion, die ich von Menschen bekam, mit denen ich über diesen Kommentar sprach, war absolute Verwirrung. Aber ernsthaft: Dieser Mensch fragt durch die Blume – oder sogar ein ganzes Beet –, ob es transfeindlich ist, eine trans Frau nicht daten zu wollen, auch wenn diese nicht „als trans erkennbar" ist. Meine Antwort darauf ist: Ich denke schon. Eine Präferenz zu haben, ist okay, die habe ich auch. Aber dieses Gedankengut hat transfeindliche Züge: Denn wir müssen nachfragen, woher diese Ablehnung rührt. Ich denke, sie ist einmal mehr darauf zurückzuführen, dass trans Frauen nicht als vollwertige Frauen wahrgenommen werden. Und nehmen wir an, diese Vermutung ist richtig, hat das Ausschließen von trans Frauen – und trans Männern in die andere Richtung – einen klar transfeindlichen Ursprung.

Ich möchte mit dieser Analyse nicht erreichen, dass ab morgen alle auf trans Menschen stehen. Wir haben es weder nötig, darum zu betteln, dass Menschen uns attraktiv finden, noch geht es mir darum, einzelnen Menschen aufgrund ihrer Präferenzen Transfeindlichkeit vorzuwerfen. Dennoch halte ich das Hinterfragen bestimmter Präferenzen für sinnvoll. Ich bin beispielsweise der Meinung, dass viele Menschen, die räumlich und zeitlich mit mir vergleichbar aufgewachsen sind, ähnliche Vorlieben entwickelt haben. Was uns Medien gezeigt haben? Dass *weiße*, nicht behinderte, heterosexuelle cis Männer mit verwegenem Dreitagebart besonders attraktiv sind. Über die Jahrzehnte hinweg entwickeln sich Schönheitsideale, aber hier geht es schlichtweg um Repräsentation, nicht um Körpermaße oder Frisuren. Wie sahen die Love Interests in Filmen und Serien aus, die wir geschaut haben? An viele BIPoC-Lover und -Traummänner kann ich mich nicht erinnern. Und genauso wenig an trans Frauen, die einfach als diese stattgefunden haben, also gezeigt wurden, ohne dass sie belächelt oder im Rotlichtmilieu verortet wurden. Und das prägt – vor allem junge Leute.

Durch meinen eigenen Weg und die Menschen, mit denen ich mich umgebe, habe ich viele Klischees und Stereotype hinterfragt. So lange und intensiv, dass ich mich manchmal gefragt habe, wer eigentlich ich bin, abseits der äußeren Einflüsse. Ich glaube, die harte Antwort darauf ist, dass wir zwar für vieles in unserem Leben verantwortlich sind, aber die Grundvoraussetzungen wie familiäre Gegebenheiten, finanzielle Lage, Ort, Zeit und Umgebung sehr viel bestimmen. Es ist ein Märchen, dass Menschen sich nur genug anstrengen müssten und alles erreichen könnten. Und es ist ein gutes Märchen, denn so wird die gesamte Verantwortung auf das Individuum übertragen. Du passt nicht in dieses System? Selbst schuld. Du hattest Probleme in der Schule? Dein Fehler.

Also habe ich auch hinterfragt, ob ich Männer wirklich attraktiv finde oder die Anziehung rein auf Prägung basiert. Und ist dies positiv oder negativ zu bewerten? Ich habe gelernt, dass mir die Persönlichkeit sehr viel wichtiger ist als das Geschlecht. Mit einer Vorliebe für Brusthaar. Und ich setze mich mit Feminismus auseinander. Auch ich als Geschlechterrollen hinterfragende Feministin darf einen Mann wollen, bei dem ich mich beschützt fühle. Die Erwartung, Frauen dürften sich als Feministinnen in keiner Form in Abhängigkeiten begeben, ist giftig. Denn: Alle Menschen, egal welchen Geschlechts, sind emotional verbunden, wenn sie Beziehungen eingehen (egal, ob romantische, freundschaftliche oder familiäre). Und emotionale Verbundenheit bedeutet auch eine gewisse Abhängigkeit. Genauso darf ich mich in knappen Bikinis auf Social Media zeigen und sollte dabei nach wie vor genauso ernst genommen werden wie in einem Hosenanzug. Wir dürfen im Feminismus nicht die patriarchalen Strukturen reproduzieren, indem wir Vorschriften machen.

In meinem Leben ist eine Tatsache doch sehr besonders: Ich wurde innerhalb weniger Jahre als zunächst männlich und anschließend als weiblich gelesen. Das können wahrscheinlich nur wenige von sich behaupten. Es ist schwierig für mich, diese beiden Zeiten miteinander zu vergleichen. Denn natürlich habe ich mich auch als Mensch in diesen Jahren weiterentwickelt. Wenn ich nun anders behandelt werde, muss im Hinterkopf behalten werden, dass ich heute eine souveräne, erwachsene Frau bin. Als ich mich noch männlich präsentierte, war ich weder erwachsen noch souverän. Ich schwamm auf der Suche nach mir selbst. Also: Vergleiche sind schwierig. Mit diesem Wissen ist es jedoch noch bezeichnender, dass ich männlich präsentierend weniger erklärt bekam. Es gab eine Phase, in der wurde mir – bereits weiblich präsentierend – alles erklärt. Alles, was ich bereits wusste.

Eine Sache, die mir wiederum gern jemand hätte sagen können, ist, dass ich in kurzen Röcken und Kleidern ganz einfach auf die Toilette gehen kann, indem ich sie hochschiebe. Das hat mir nämlich nie jemand gezeigt. Und ich habe für diese Erkenntnis einige Wochen intensives Rocktragen benötigt.

Und Menschen sind netter zu mir. Ich denke, das liegt vor allem daran, dass ich früher als „schwuler Mann" gelesen wurde oder in gar keine Kategorie passte. Und mit einem schwulen Mann oder einer androgynen Person haben manche Menschen Berührungsängste. Heute werden mir Türen aufgehalten, und Bedienungen freuen sich, mich zu sehen. Das kenne ich deutlich anders. Ohne eine bestimmte Gruppe von Menschen anklagen zu wollen, aber es ist noch heute eine beängstigende Situation für mich, wenn Bauarbeiten in meiner Wohnung durchgeführt werden oder ich aus anderen Gründen mit Handwerkern sprechen muss. Früher habe ich die Blicke als abwertend interpretiert. Ernst genommen wurde ich nicht. Sie wussten nicht, wie sie mit mir umgehen sollten. Heute werde ich angelächelt und mit Engelsgeduld beraten. Diese andere Wahrnehmung meiner Person führt auf offener Straße wiederum eher zu Cat Calling und unangenehmen Anmachen. Auf offener Straße habe ich mich lange Zeit nicht wohl oder sicher gefühlt – vor allem als Mensch, der als schwuler Mann gelesen wurde. Am schlimmsten war es, wenn ich alleine unterwegs war. Ich hatte Angst. Angst, dumm angemacht zu werden, beschimpft, bespuckt oder angegriffen. Heute ist das Unwohlsein eher in der Furcht vor sexualisierten Kommentaren oder Übergriffen begründet.

GRENZÜBERSCHREITUNG, GRENZÜBERSCHREITUNG, GRENZÜBERSCHREITUNG

Die Angst vor sexualisierten Übergriffen ist nicht unbegründet: Es war der Erste Mai, in Berlin ein Feiertag. Die Leute hielten sich draußen auf, tanzten und tranken. Weil auf den Straßen so viel los war, fuhren die öffentlichen Verkehrsmittel nur unregelmäßig. Das letzte Stück meines Heimweges trat ich alleine an, da meine Begleitungen in anderen Stadtvierteln wohnten. Ich hatte Glück und stieg in die erste wieder vorbeifahrende Tram. Es war dementsprechend voll. Obwohl ich an der ersten Haltestelle der Linie 10 einstieg, kam ich kaum noch weiter als bis durch die Tür. Als aufmerksame Person, besonders in solchen Situationen, sah ich meine Chance für eine möglichst entspannte Fahrt, indem ich mich an die Plexiglasscheibe in Türnähe lehnte. An diesem Tag war das ein großer Fehler. Ich dachte, so hätte ich alle Menschen, die mir zu nahe kommen könnten, im Blick. Und damit lag ich verdammt richtig. Nur Momente, nachdem dieser Gedanke in meinem Kopf aufgetaucht war, war er da: Er schien riesengroß zu sein, 190 cm oder größer. Er trug ein Shirt und dazu Basketball-Shorts, eine recht weite sportliche Hose aus dünnem Stoff. Es war stickig in der Bahn, warm und eng. Der Mann war mit Freunden unterwegs, mit denen er sich angeregt unterhielt. Ich konnte ihr lautes Gelächter hören. Sie standen links von mir, ein Stück weit in den Gang hinein. Die Türen schlossen, und die Tram fuhr an. Ich erinnere mich an keinen Blick von ihm direkt in meine Richtung. Also weiß ich auch nicht mehr genau, wie sein Gesicht aussah. Ich schätzte ihn auf Mitte 20 bis Mitte 30. Dass ich sein Gesicht nicht mehr abrufen kann, hat aber wohl großteils damit zu tun, dass ich, sofort als ich merkte, wie nah er mir kam, versuchte, jeglichen Augenkontakt zu vermeiden. Und der

Mann kam näher. Ich hoffte, dass es an der Enge im Waggon lag. Lag es zum Teil wahrscheinlich, aber er nutzte es als seine Tarnung. Während er weiter mit seinen Freunden lachte, realisierte ich, dass das harte Teil, das immer wieder gegen meine Leiste gepresst wurde, sein erigierter Penis war. Ab diesem Moment verfiel ich in eine Starre. Und ab diesem Moment ist mir das Zeitgefühl abhandengekommen. In meinem Kopf brach Panik aus, und ich dachte, ich könnte die Situation am schnellsten und einfachsten hinter mich bringen, indem ich einfach nichts tue. Mich verhalte, als würde ich nichts merken. Mein Gedanke damals: Wenn ich nicht zeige, dass ich wahrnehme, was grade passiert, passiert es vielleicht gar nicht. Ich fühlte mich eklig. Und ich spürte, dass ich die Situation so nicht aushalten würde. Vor allem: Wann und wie sollte ich aus der Bahn kommen? Sollte ich früher aussteigen, musste ich Angst haben, dass er mir folgen würde. Draußen war es bereits dunkel. Ich blieb stehen, obwohl sich die Türen neben mir immer wieder öffneten. Mittlerweile presste er sich fast durchgehend an mich. Ich versuchte, meinen Körper etwas zu drehen, sodass er wenigstens „nur" meine Seite erwischte. Meine Erinnerung ist verschwommen, also weiß ich nicht wirklich, wie gut das funktioniert hat. Ich wusste, ich muss mir Hilfe suchen. Tat dies aber nicht sonderlich aktiv, weil ich mich das nicht getraut habe. Der Gedanke daran, etwas zu sagen oder mich zu wehren, schien mir völlig unmöglich. Mein Modus war nach wie vor: die Situation irgendwie über mich ergehen zu lassen, jedenfalls konnte ich nicht aktiv werden oder mich bewegen. Hilfesuchend schaute ich mich in der Tram um. Unweit von mir sah ich einen jungen Mann, den ich kannte. Ich fixierte sein Gesicht. Ich hoffte, er würde spüren, dass ich Hilfe brauchte. Ich kannte ihn, weil er einer der Männer ist, die in der Vergangenheit abrupt den Kontakt zu mir abbrachen. Der letzte Kontakt zu ihm war im Moment der Tramfahrt sicher ein halbes Jahr her. Also vermied er wahrscheinlich auch deshalb den Augenkontakt. Ich versuchte es bei anderen. Vor allem bei Frauen. Niemand verstand meinen Blick, während sich der Typ immer wieder an mir rieb. Immer wieder versuchte ich die Aufmerksamkeit des Mannes zu erhaschen, den ich kannte. Erfolglos. Rechts öffneten und schlossen sich die Türen. Und ich schaute in die Nacht. Ich wusste nicht, wie diese Situation enden würde.

Ich bin mir ziemlich sicher, dass die Freunde des Täters aufgrund der Enge im Waggon wirklich nicht gemerkt haben, was da neben ihnen passierte. Sie redeten munter weiter, und die gesamte Gruppe war wie so viele an diesem Tag alkoholisiert. Mein Körper dagegen war in Alarmbereitschaft, das Adrenalin schoss durch mich hindurch, und ich spürte daher keinen Tropfen der vorherigen Drinks in mir. Innerlich panisch, äußerlich wahrscheinlich nach wie vor ruhig, ging ich im Kopf alle Szenarien durch, die mir bevorstehen könnten. Vor allem, da wir uns meiner Haltestelle näherten. Sobald ich ausgestiegen war, würde ich rennen, plante ich. Zu meinem Glück wurde keine meiner Befürchtungen wahr. Plötzlich ging alles sehr schnell. Die Tür öffnete sich eine Station vor meiner, und die gesamte Männergruppe schob sich an mir vorbei – und war weg. Draußen in der Nacht verschwanden sie so rasch, dass ich sie kaum mit meinem Blick verfolgen konnte. Als die Truppe die Bahn verlassen hatte, fielen mir tausend schwere Steine vom Herzen. Ich fühlte mich dreckig. Auf schnellstem Wege eilte ich nach Hause und verkroch mich im Bett.

Wenn es so viele Opfer sexualisierter Gewalt gibt (und das steht außer Frage), muss es eine entsprechend große Täterschaft geben, die wiederum nur wenige zu kennen glauben. Die Freunde des Täters in der Tram haben es entweder nicht mitbekommen oder ignoriert. Natürlich kann ich das nicht mit Sicherheit beurteilen. Trotzdem haben sie mindestens einen Freund, der bereit ist, so etwas zu tun. Und da stellt sich doch die Frage, ob wir im Bekanntenkreis nicht alle mindestens einen solchen Mann haben.

Und dies ist im Übrigen nur eine meiner Begegnungen dieser Art. Es wurde schon mehrfach versucht, mich mit Substanzen im Drink gefügig zu machen. Einmal trank durch einen Zufall mein Exfreund das Bier, mit dem ich unter Drogen gesetzt werden sollte. Er ist größer und schwerer als ich. Dennoch musste er nach Hause getragen werden. Ich will nicht wissen, was mit mir passiert wäre. Und am traurigsten ist doch, dass mindestens alle weiblich gelesenen Personen, die das alles grade lesen, nicht geschockt sind. So viele könnten ähnliche Erfahrungen mit sexualisierten Übergriffen schildern.

Die Situation aus der Tram habe ich damals mit meinen Vertrauten besprochen. Auch mit einem Freund von mir: cis, hetero. Bei allen Freundinnen stieß ich auf viel Mitgefühl und Verständnis. Mitgefühl hatte dieser Freund auch. Aber Verständnis? Er war beinahe aufgebracht und regte sich darüber auf, dass ich etwas sagen hätte sollen. Natürlich war er aufgebracht – ihn beschäftigte, was mir widerfahren war. Und seiner Meinung nach hätte ich brüllen sollen, nicht nur gucken oder Augenkontakt suchen, sondern laut werden. Dem Peiniger mit dem Knie zwischen die Beine stoßen. Das alles war mir unmöglich. Und dennoch trage ich keine Verantwortung für das, was geschehen ist. Auch wenn diese Reaktion solche Gefühle auslösen kann. Aber es ist doch so: Im Regelfall sind Frauen körperlich unterlegen. Ich bin vielen Männern körperlich unterlegen. Mich zu wehren würde den Täter womöglich aggressiv machen. So habe ich auf jeden Fall immer wieder gedacht. Ob ich heute anders handeln könnte? Ich wage es zu bezweifeln. Ich vermute, ich würde erneut in eine Schockstarre fallen. Was ich seit diesem Übergriff jedoch anders mache: Ich schaue selbst mit offeneren Augen, ob meine Mitmenschen Hilfe benötigen könnten. Vor allem schaue ich nach Frauen und queeren Menschen. Opfern ist in einer solchen Situation oft schon geholfen, wenn sich eine außenstehende Person hinzubegibt. Den Täter anschaut. Ihm muss die Illusion genommen werden, dass niemand mitbekommt, was er tut.

Und es gab ein weiteres Erlebnis, das mich sehr geprägt hat. Über eine App habe ich mit einem Mann geschrieben. Er schien nett, sah gut aus. Ein spannender Typ. Auch, wenn ich ihn von Anfang an als etwas aufdringlich empfand. Trotzdem wollte ich ihm eine Chance geben. Eines Abends war ich bei mir zu Hause, es war Winter und daher draußen schon lange dunkel. Gegen 21 Uhr bekam ich eine Nachricht: *„Was machst du? Bin gerade in deiner Nähe, kann ich vorbeikommen?"* Wir hatten uns noch nie getroffen. Und eigentlich hatte ich die Regel aufgestellt, keinen Mann, den ich nicht kenne, direkt in meine Wohnung einzuladen. Schließlich geht es hier um Online-Dating. Ich kann nicht wissen, wer letztendlich vor meiner Wohnungstür steht. Aber Regeln sind irgendwie auch dazu da, gebrochen zu werden, oder? Ich hatte noch eine Flasche Weißwein im Kühlschrank und bejahte seine Frage. Ich setzte mich an mein Fenster im vierten Stock. Von dort aus konnte ich die Straße beobachten. Und ich wollte diese fremde Person wenigstens sehen, bevor ich sie in die Wohnung lassen würde. Straßenlaternen beleuchteten den Bürgersteig, und aus manchen Geschäften drang noch Licht nach draußen. Es regnete. Um die Wartezeit zu überbrücken, zündete ich mir eine Zigarette an und öffnete das Fenster. Ich war nervös, mein Bauchgefühl mittelgut. Meine Hände wurden schwitzig, während ich den Rauch nach draußen pustete. Immer wieder gingen Menschen an meinem Haus vorbei. Und dann sah ich ihn. Ich wusste sofort, dass er es sein musste. Mein Magen drehte sich um. Meine Intuition schrie „Nein!". Aber was sollte ich jetzt machen? Er wirkte riesig. Er ging sehr wankend, und wie sich später bestätigte, war er nicht mehr nüchtern.

Es klingelte. Ich versuchte, positiv zu denken. Was soll schon dabei sein? Also drückte ich auf den Summer und wartete an meiner Wohnungstür. Langsam bewegte er sich die Treppen herauf, und aus der Nähe war mir klar: Er war auf Drogen. Seine Körpergröße war einschüchternd. Die Atmosphäre war sofort angespannt, jedenfalls meinerseits. Ich hatte nun einen fremden, fast zwei Meter großen, unter Drogeneinfluss stehenden Mann in meiner Wohnung. Während sich das Small-Talk-Gespräch entwickelte, fragte ich mich pausenlos: Wie kriege ich diesen Mann schnellstmöglich wieder aus meiner Wohnung?

Darauf fiel mir keine Antwort ein. Ich wusste lediglich, dass ich ihm körperlich bei Weitem unterlegen war. Hinzu kam, dass mir schnell klar wurde: Auch ein freundlicher Korb wäre ein unvorhersehbarer Risikofaktor. Ich goss uns Wein ein. Wir saßen nebeneinander auf der Couch und führten belanglose Gespräche. Er kam mir näher. Er wollte Sex. Und ich war überfordert. Wie sollte ich aus dieser Situation herauskommen? Ich trank einen großen Schluck Wein. Danach einen noch größeren. Er fand es witzig und legte seinen Arm um mich. Ich akzeptierte es. Er rückte erneut näher, küsste und berührte mich. All das wollte ich nicht. Ich machte vorsichtig deutlich, keinen Sex mit ihm haben zu wollen. Er fing an zu diskutieren und versuchte, mich vom Gegenteil zu überzeugen. Und wieder schien es mir eine Lösung zu sein, die Situation über mich ergehen zu lassen, um sie so schnell und risikoarm wie möglich hinter mich zu bringen. Während er mich immer weiter betatschte.

Zum ersten Mal war ich in dieser Nacht froh darum, dass er betrunken war bzw. unter Drogeneinfluss stand. Nach nur wenigen Minuten, die sich sehr lang angefühlt hatten, war er fertig. Und das war allem Anschein nach auch das Einzige, was er wollte. Er zog sich an und verließ fast unmittelbar danach meine Wohnung. Nachdem ich die Tür zugemacht hatte, entspannte sich mein Körper. Ich schloss sofort ab, fing an zu putzen, duschte mich, um mich schnellstmöglich ins Bett zu legen. Bis heute ist mir diese Geschichte unglaublich unangenehm. Fast so, als hätte ich mich falsch verhalten. Dabei habe ich mich nur versucht zu schützen. Kontakt hatte ich nie wieder mit ihm. Zur Polizei bin ich nicht gegangen. Es hätte wohl zu nichts geführt. Solche Erfahrungen sind keine Einzelfälle. Es sind nicht nur wenige Ausnahmen.

Fast hätte ich diese Erfahrungen nicht geteilt und auch nicht hier aufgeschrieben, weil ich Bedenken hatte, sie seien nicht „schlimm" genug, nicht krass genug, nicht erzählenswert. Aber auch aus der Überlegung heraus, ich könnte selbst einen Teil der Verantwortung tragen, dass mir so etwas passiert ist. Das ist es, was uns suggeriert wird. Begrapschen, ein schneller Klaps, Rufe auf der Straße – alles irgendwie normal, nicht der Rede wert, höchstens unangenehm.

„Wie konnte sie nur so unvorsichtig sein? So naiv?" Dabei sollten wir uns fragen: „Wie konnte er nur?", und genau deshalb ist es wichtig, dass wir darüber sprechen, dass wir sensibilisieren. Vor allem damit endlich allen Menschen bewusst wird, dass Personen, die solche Übergriffe erleben, niemals selbst schuld sind.

EIGENE ERWARTUNGSHALTUNGEN, SELBSTAKZEPTANZ UND FEMININITÄT – EIN IMMERWÄHRENDER KAMPF FÜR MICH UND IN MIR

Fotos von früher, ca. bis ich 18 Jahre alt war, zeigen mich völlig anders als Bilder, die heute von mir gemacht werden. Mein Aussehen war immer schwankend. Ich habe mich in Phasen entwickelt: Mal habe ich etwas mehr Femininität zugelassen, dann gab es wieder ein Extrem ins Gegenteil. Zeitweise habe ich meinen Kiefer stark zusammengebissen, damit er kantiger wirkt. Oder ich habe meine Armmuskulatur angespannt. Je männlicher ich mich präsentierte, desto positiver waren die Reaktionen – wie schon erwähnt.

Und auch heute eifere ich manchmal Schönheitsidealen nach. Sich dem Druck der Medien und des Umfelds in meinem Beruf als Model zu entziehen, ist für mich nahezu unmöglich. Immer wieder ertappe ich mich dabei, absolut unrealistische Erwartungen an mich und meinen Körper zu stellen. Mache ich Sport? Selten. Aber ich erwarte, einen flachen Bauch wie ein Fitnessmodel zu haben. Ich wünsche mir ein perfekt symmetrisches Gesicht, auch wenn mir klar ist, dass dies meinem Gesicht wohl viel Charakter nehmen würde. Als Maßstab setze ich bei einer Bella Hadid oder anderen stark operierten Frauen an. Wie soll das funktionieren?

Auch ich selbst habe an meinem Gesicht schon das eine oder andere machen lassen. Mit einem Skalpell aufgeschnitten wurde ich bisher nicht, aber Spritzen wurden schon öfter angesetzt. Mit 21 Jahren habe ich mir meine Lippen voller machen lassen. Bei meinem ersten Termin war die Prämisse, es so unauffällig umzusetzen, dass ich es „meiner Oma nicht erzählen muss". Es sollte so subtil sein, dass andere es nicht wahrnehmen würden. Die ersten Jahre klappte das ganz gut, aber irgendwann ließ ich mir die Lippen regelmäßig aufspritzen, und meine Oma fragte mich eines Tages, ob ich eine allergische Reaktion hätte. Ab diesem Tag litt ich an einer Rotweinallergie, Sonnenallergie oder irgendeiner anderen Allergie, um meine geschwollenen Lippen zu erklären. Über die Jahre habe ich mich ausführlich mit meinem Gesicht auseinandergesetzt. Ich weiß ganz genau, wie ich aussehe. Und ich weiß auch, welche Bereiche des Gesichts als maskulin wahrgenommen werden. Nämlich genau die, die mich am meisten stören oder gestört haben. Meine Nase, meine Stirn, mein Kinn. Als Teenager habe ich bereits eine Art Bauplan mit Änderungswünschen, die mein Gesicht betreffen, verfasst.

Nur, weil ich versuche, stereotypische Vorstellungen und Prägungen zu hinterfragen, kann ich sie nicht von heute auf morgen von meiner Festplatte löschen. Sie sind da. Aber trotzdem: Der erste Schritt ist der, zu realisieren, was hinter solchen Bedürfnissen steckt. Bei mir beispielsweise die Änderung der Körperbereiche, die als „männlich" oder „maskulin" eingestuft werden. Und etwas dagegen tun zu können, hat mir sehr geholfen. Es ist ein Spagat zwischen eigenen Vorstellungen, Ansprüchen und der jahrzehntelangen Prägung durch die Gesellschaft. Was bin wirklich ich und was habe ich aufgrund von äußeren Einflüssen internalisiert?

TOILETTEN, UMKLEIDEKABINEN & CO.: DAMEN, HERREN, ARSCHLÖCHER?

Über die Notwendigkeit einer dritten Toilette habe ich bereits geschrieben. Hier möchte ich das noch ein Stück weit ausführen, denn anhand von Toiletten lässt sich das Dilemma des binären Systems und die Problematik unserer Sicht auf Geschlechter gut darstellen. Meine Beziehung zu öffentlichen Toiletten ist sicher etwas anders als die des

Durchschnitts. Meine ersten Erinnerungen an das Besuchen von öffentlichen Toiletten: zu Schulzeiten. Bereits in der Grundschule habe ich nicht so ganz verstanden, warum ich auf eine andere Toilette muss als meine Freundinnen. Auf der Herrentoilette habe ich mich von Anfang an nicht gut gefühlt. Und daher habe ich zwei Strategien entwickelt: Die erste ist die offensichtliche. Während ich in der Schule war, nicht auf die Toilette zu gehen. Ich hatte eine absolute Stahlblase und war in den 13 Jahren weniger als hundert Mal auf der Schultoilette. Das ist nur eine ungefähre Schätzung, aber ich ging so gut wie nie auf die Toilette. Ich wollte dort nicht hin. Und schon gar nicht wollte ich mich an ein Urinal stellen. Das fand ich schrecklich. Neben irgendwelchen Typen stehen, die womöglich irgendetwas sehen könnten, womit ich mich unwohl fühlte. Meine zweite Strategie bestand darin, stets nur während des Unterrichts die Toilette zu benutzen, um so wenige Personen wie möglich zu treffen und schnellstmöglich wieder aus diesem Raum verschwinden zu können.

Nach meinem Schulabschluss war meine größte Freude (neben der, Menschen mit eingeschränkter Denkweise hinter mir zu lassen), die Schultoilette nicht mehr besuchen zu müssen. Gut, und nie wieder in meinem Leben gezwungen zu sein, an Schwimmunterricht teilzunehmen. Das Toilettendebakel hörte aber leider nicht auf. Denn egal, wo ich mich aufhielt (außer im privaten Rahmen), musste ich schließlich irgendwann die Toilette aufsuchen, auf die auch andere Menschen gingen. Außerdem kam die Frage auf, welche Toilette ich selbst benutzen möchte bzw. in welcher Toilette ich mich wohl fühle, aber auch die Frage, welche ich für meine eigene Sicherheit benutzen sollte.

Jahre nach meinem Abschluss, auf einem Wiedereröffnungsevent eines der nobelsten Hotels in Berlin, hatte ich ein wegweisendes Erlebnis. Meine Schwester und ich hatten uns schwarzweiße Hosenanzüge und schwarze Stiefel mit Absatz angezogen. Wir lebten unsere Zwillingsfantasie aus. Wir wollten so ähnlich wie möglich aussehen. Heute haben wir diesen Wunsch abgelegt, und wir werden teilweise nicht einmal mehr für Schwestern gehalten. Damals schon. Wir hatten uns also schick gemacht. Ich präsentierte mich in dieser Zeit ziemlich androgyn. Ich trug mittellanges Haar, etwas Make-up, hohe Schuhe und vermittelte sehr viel Selbstbewusstsein. Wir waren auf dieser Veranstaltung, und nach ein paar Gläsern Champagner muss auch die nobelste Maus mal auf Toilette hüpfen. Aber durch welche Tür sollte ich nun treten? Bis zu diesem Abend war ich meistens auf die Herrentoilette gegangen, außer ab und zu mit Freundinnen, wenn wir gemeinsam in einem Club feierten. Aber immerhin hatte ich mich schon getraut, mich für diese Veranstaltung etwas femininer zu stylen. Wohin also? Beim ersten Toilettengang entschied ich mich für die Tür mit dem „H". Wie immer huschte ich rasch in eine der Kabinen. Alles gut, alles geschafft. Ich kam zurück in den Vorraum, ging zum Waschbecken und war froh, das Ganze ohne große Aufregung über die Bühne gebracht zu haben. So sehr hasste ich auch mit Anfang 20 noch jegliche öffentliche Toilette. Doch ich hatte mich zu früh gefreut. In dem Moment, in dem ich mir die Hände wusch, ging die Tür auf. Drei junge Männer in Anzügen, offensichtlich alkoholisiert, standen vor mir. Die hatten wohl auch ein paar Gläser vom Champagnerturm. Wobei, so betont „maskulin", wie sie sich darzustellen versuchten, hatten sie sich wahrscheinlich an der Bierbar bedient. Sie lachten laut, und als erste Reaktion entfuhr dem Vordersten ein, glaube ich, ehrliches *„Oh! Falsche Tür"*. Als sie jedoch realisierten, dass sie in der für sie richtigen Toilette standen, fanden sie das erst recht unglaublich lustig. Was sie genau gesagt haben, weiß ich nicht mehr. Ich habe es verdrängt – vermutlich ein Schutzmechanismus meines Gehirns. Ich weiß nur, dass ich zu meiner Schwester zurückkam und der Abend für mich im Grunde gelaufen war.

Ein Freund, der sich sehr frei von Geschlechterstereotypen kleidet, hat mir einmal erzählt, dass er sich wiederum auch im Rock ans Urinal stellen würde. Denn er sei ein Mann. Rock oder Hose würden das nicht definieren. Und damit hat er recht! Die Kommentare, die er sich deshalb anhören müsse, stecke er weg. Ich bewundere diese Stärke. Aber ich realisierte damals auch, dass ich nicht so bin wie er. Ich bin eine Frau.

Im Laufe des Abends musste ich erneut auf die Toilette. Meine Schwester und ich standen im Flur und überlegten. Die Erfahrung von vorhin sollte sich definitiv nicht wiederholen. Davor, die Damentoilette zu benutzen, hatte ich aber ebenfalls Angst. Was, wenn mich dort jemand rausschmeißen will? Oder sich eine Frau in ihrem Safe Space bedroht fühlt, weil ich keine cis Frau bin? Also entschied ich mich dazu, die Toilette für behinderte Menschen zu nehmen. Ob das richtig war? Ich bezweifle es. Aber ich war überfordert, und es schien mir der einfachste Ausweg aus der Misere. Dieser Toilettenbesuch lief deutlich entspannter ab als der vorherige. Als ich wieder zu meiner Schwester kam, war jedoch eines klar: Ich kann nicht dauerhaft auf Toiletten für behinderte Menschen gehen. Das ist falsch. Also entschieden wir – mehr meine Schwester als ich –, dass wir beim nächsten Bedürfnis nach einem Toilettenbesuch gemeinsam durch die Tür mit dem „D" gehen würden. Ich war aufgeregt, nervös. Was passiert wohl? Werde ich Anfeindungen erleben? Nein. Und auch bis heute: kein einziges Mal. Ich habe seit diesem Tag nie wieder eine Herrentoilette besucht – nur in Situationen, in denen die Schlange vor der Damentoilette sehr lang war und ich dringend musste. Davon abgesehen, dass ich mich heute weiblich präsentiere, mich weiblich identifiziere und ganz einfach eine Frau bin, sagt das einiges über unsere Gesellschaft aus. Als ich mich noch androgyner gegeben habe, wurde ich in der Herrentoilette angefeindet und ausgelacht. Bei den Frauen hat das keine interessiert. Oder keine von ihnen hat etwas gesagt. Da draußen gibt es mit Sicherheit Frauen, die ein Problem mit mir und meiner Anwesenheit in der Damentoilette haben. Dennoch zeigen diese Erfahrungen (die natürlich individuell unterschiedlich sind), auf welche Weise viele der Männer reagieren und wie die Reaktionen der meisten Frauen aussehen. Im Zuge dessen ist mir zudem etwas anderes bewusst geworden: Warum überhaupt in „Männer" und „Frauen" bei Toiletten einteilen? Toiletten besuche ich mit einer klaren Mission. Und das Geschlecht derer, die sich dabei neben mir aufhalten, ist per se eher irrelevant. Relevant wird es erst, wenn die Menschen um mich herum Arschlöcher sind. Und genau so stelle ich mir die Toilettenaufteilung meiner Traumwelt vor: eine Tür für uns alle, und eine andere für intolerante Arschlöcher.

Aber natürlich hört beim Toilettenbesuch die Aufteilung in „Mann" und „Frau" nicht auf. Auch im Fitnessstudio, das ich hin und wieder besuche, wird bei den Umkleiden nach Geschlechtern unterschieden. Und selbst in Berlin Mitte, dem Epizentrum der hippen Hipster, ist es für mich als trans Frau nicht einfach, und ich fühle mich oft unwohl. Wie das an einem anderen, weniger „aufgeschlossenen" Ort wäre, kann ich mir ausmalen, und diese Vorstellung ist bedrückend.

    Einmal nahm ich meine Schwester zu einem Workout mit. Nachdem wir uns in der Damenumkleide umgezogen hatten, standen wir im Kursraum und sie fragte mich, wer mich eigentlich erzogen hätte. Ich würde kaum ein „Hallo" oder „Danke" herausbringen. Und das war der

Moment einer weiteren Erkenntnis: Ich bin der absolute Anlächle-Mensch. Betrete ich einen Raum, lächle ich nett. Und das, um meine Stimme möglichst wenig benutzen zu müssen. Denn wenn ich mich selbst höre, höre ich einen Hamburger Seemann sprechen. Eigentlich verrückt, weil ich häufig und viel mit meiner Stimme arbeite. Ich bin Moderatorin mehrerer Podcasts und anderer Interviewformate. Trotzdem ist meine Stimme, so wie ich sie selbst wahrnehme, oft ein Problem für mich. Und ich glaube, relativ realistisch eingeschätzt, meine Stimme ist ein bestimmender Faktor, wenn Menschen heutzutage „erkennen", dass ich trans bin. Also handelt es sich um eine Sicherheitsmaßnahme, wenn ich in Situationen, in denen ich es nicht unbedingt muss, weniger spreche. Ein Telefonat treibt das natürlich ins Extreme. Da komme ich mit einem Lächeln nicht weit. Vor Kurzem rief mich jemand von meinem Mobilfunkanbieter an, um mir einen besseren Deal zu verkaufen. Ich meldete mich und wurde – entgegen der Selbsteinschätzung meiner Stimme als Hamburger Seebär – gefragt, ob ich die Ehefrau von Herrn Kühnert sei. In diesem Augenblick hatte ich keinerlei Lust, mich schon wieder zu erklären, also rutschte mir raus: *„Ja, sozusagen."* Die Person am anderen Ende akzeptierte diese Ansage und wollte weitermachen im Text, bis ich schließlich das Gespräch abwürgte. Weil ich kein neues Abo für einen weiteren Streaming-Dienst brauche. Auch nicht mit kostenlosem Probemonat.

BELEIDIGUNG ODER KOMPLIMENT: WENN DINGE GUTTUN, DIE ES NICHT SOLLTEN, UND UMGEKEHRT

Seien es die Typen auf der Herrentoilette, die dachten, sie befinden sich im falschen Raum, der Mensch vom Mobilfunkanbieter oder die Bauarbeiter, die mir hinterherpfeifen – für mich als trans Frau haben solche Erlebnisse immer auch einen perfiden Aspekt der Bestätigung. Ich erinnere mich noch sehr gut an den Augenblick, als mir zum ersten Mal von einer Baustelle aus hinterhergepfiffen wurde. Aus der Zeit als androgyn präsentierende Person war ich es gewohnt, angefeindet zu werden. Auch von Bauarbeitern auf der Straße. Aber das war das erste Mal, dass einer wirklich gepfiffen hat, weil er mich scheinbar gut fand. Außer Frage, was ein solches Pfeifen bezwecken soll, war es eine Bestätigung für mich. Ich möchte auch dem Bauarbeiter nichts unterstellen, aber ich bin mir doch ziemlich sicher, dass er mich nicht vor seinen Kollegen auf die Art und Weise angemacht hätte, wenn er gewusst hätte, dass ich trans bin.

Eine vergleichbare Situation habe ich schon als Kind erlebt. Ein bisschen anders, versteht sich, weil ich ein Kind war. Ich fuhr mit dem Fahrrad aus der Schule nach Hause. Ich nehme an, es muss gewesen sein, als ich schon aufs Gymnasium ging. Wie oft zu der Zeit war ich ein wenig in meiner eigenen kleinen Welt unterwegs. Vielleicht war ich in Gedanken gerade beim Eurovision Song Contest auf der Bühne oder auf einem Reiterhof. Auf jeden Fall fuhr ich nach Hause und im Dorf schien ich mich nicht an alle Verkehrsregeln gehalten zu haben. Zumindest war ein Autofahrer dieser Überzeugung, der mir stürmisch folgte. Ich merkte es aber erst, als ich im Garten meines Elternhauses mein Rad abschloss, von hinten ans Haus kam und sah, dass ein aufgeregter Mann an der Haustür stand und auf meine Mutter einredete: *„Ihre Tochter ist einfach quer über die Straße gefahren …"*, meckerte er lautstark. Meine Mutter war etwas verwirrt, da meine vier Jahre jüngere Schwester schon einige Stunden in ihrem Kinderzimmer spielte und noch nicht allein mit dem Fahrrad fahren durfte. Das sagte sie ihm auch. Als er mich aber durch das Fenster zum Garten sah, zeigte er auf mich und nahm an, die Übeltäterin entdeckt zu haben. Er war erbost über meine Radfahrweise. Ich weiß nicht mehr genau, was ich eigentlich falsch gemacht hatte. Trotzdem versteckte ich mich. Der sehr aufgebrachte Herr hatte mit seiner Annahme bezüglich meines Geschlechts jedoch total recht. Und ich? Ich habe es gespürt. Warum sonst sollte ich diese absurde Situation meiner Kindheit noch so präsent in meiner Erinnerung gespeichert haben. In diesem Moment hat sich etwas ganz, ganz richtig angefühlt.

Es gab in meinem Leben immer wieder diese Gegensätze: Aussagen oder Taten, die eigentlich keine gute Intention hatten, in mir aber auch Freude auslösten, und Aussagen oder Handlungen ohne negative Intention, unter anderem von Menschen aus meinem engeren Umfeld, die mich sehr verletzt haben. Da sind Momente, die sich in mein Gehirn gebrannt haben.

Zu Schulzeiten wollte ich wie meine Freundinnen High-waisted-Jeans, also besonders hochgeschnittene Hosen, tragen. Das habe ich auch gemacht. Die Hosen saßen bei meinem Körperbau jedoch nicht so wie bei meinen Klassenkameradinnen. Eine Freundin sagte damals zu mir: *„Das wird bei dir nie so aussehen, du bist ja keine Frau."* Das ist grundsätzlich eine problematische Aussage. Dass mein Körper, ohne größere operative Eingriffe, nie wie eine Sanduhr aussehen wird, ist ein Fakt. Dies hat aber mehr mit meinem Körperbau und weniger mit meinem Geschlecht zu tun. Auch unter cis Frauen gibt es sehr unterschiedliche Körperformen. Dass ich keine Frau bin oder sein kann, ist dagegen weder richtig noch wahr.

Ein weiterer Kommentar kam von einer Berliner Freundin. Es ging um homosexuelle Männer, die ihrem Empfinden nach alle zeitgleich anfingen, sich femininer zu präsentieren oder als Drag Queens aufzutreten: *„Die Schwulen werden auch alle zu Frauen, oder?"* Es sind solche Aussagen, die mich treffen und sehr wehtun. Damals war ich noch „männlich" präsentierend und wäre gerne eine dieser Personen gewesen, von denen sie abfällig sprach.

Auch in Bezug auf Dating gab es mir gegenüber Anmerkungen, die mehr als deutlich machen, dass Menschen mich nicht als vollwertige Frau wahrnehmen. Erzählte ich von einem gemeinsamen Bekannten, den ich toll fand, hörte ich: *„Aber, ist der schwul?"* – Nein, ist er nicht! Ich bin eine Frau.

Oder in Situationen, in denen meine Freundinnen und ich auf einer Party einen heißen Kerl beobachteten, der Single und heterosexuell ist, und sie mutmaßten, wer die besten Chancen haben könnte. Ob sie dabei an mich dachten? In den meisten Fällen nicht. Warum? Weil sie mich scheinbar nicht als Frau verstehen.

Solche Aussagen hindern mich daran, ich selbst zu sein. Daher kann ich nur an alle appellieren: Denkt darüber nach, was und wie ihr euch äußert. Das erfordert keine übermäßige Vorsicht, sondern Menschenverstand und gegenseitigen Respekt. Und genau dafür setze ich mich heute ein, denn nicht alle Frauen haben Brüste. Nicht alle Frauen haben Vulven. Menschen sind nicht ihre Genitalien oder Geschlechtsmerkmale. Als ich selbst noch keine Brüste hatte, postete ich ein Foto von mir. Ich zeigte mich darauf oben ohne, bedeckte mit meinen Händen den Oberkörper – mit der Aufschrift: Nicht alle Frauen haben Brüste. Damit möchte ich darauf aufmerksam machen, dass unter anderem trans Frauen gegebenenfalls keine ausgeprägte Brust haben. Und das ist völlig okay. Tatsächlich hatte ich an der Stelle nicht weit genug gedacht, denn cis Frauen haben nicht zwangsläufig Brüste: sehr schlanke Frauen oder Leistungssportlerinnen zum Beispiel, oder Frauen, die aus gesundheitlichen Gründen keine, eine oder eben nicht der Norm entsprechende Brüste haben.

Viele verschiedene Frauen, jeweils mit einer ganz eigenen Geschichte, schrieben mir nach dem Post und bedankten sich. Ich habe mich sehr darüber gefreut, denn wenn wir unsere vermeintlichen Schwächen eingestehen und mit anderen teilen, können wir zusammen Stärke darin finden. Diese Reaktionen – und was sie bei mir ausgelöst haben – gaben mir den Denkanstoß: Wenn sich alle Menschen, die von der Norm abweichen, zusammentäten, dann wäre die Norm nicht mehr die Norm. Wir wären viel mehr nicht der Norm entsprechende Menschen, als es schlanke, *weiße*, cisgeschlechtliche, gesunde, makellose Menschen geben kann. Hach, was für eine Vorstellung.

An einem anderen Tag habe ich ein weiteres Foto mit schlauem Spruch gepostet: „Ich bin keine Phase!" – Aber stimmt das? Mein Geschlecht ist valid, meine Identität ist valid – aber ist nicht im Leben unterm Strich alles ein gewisser Abschnitt, eine „Phase"? Je mehr ich diesen Ausspruch „This is not a phase!" hinterfragt habe, desto klarer ist mir geworden, dass sich vor allem queere Menschen „Phasen" im eigenen Leben absprechen. Warum das so ist? In letzter Konsequenz, um ernst genommen zu werden. Ich bin keine Phase, mein queer Sein ist kein Trend, auf den ich aufspringe. Meine Transidentität ist kein Accessoire, das ich morgens aus dem Schrank hole. Aber trotzdem bin ich ein Mensch. Ein Mensch, der sich ständig entwickelt. Meiner Meinung nach können wir nichts zu 100 Prozent sein. Ich versuchte, mich selbst klar zu positionieren, damit niemand zweifelt. Damit niemand in Frage stellt, ob meine Identität valid, gültig, echt ist. Würde ich heute behaupten, etwas zu 100 Prozent zu sein, wäre das unreflektiert.

Als trans Frau finde ich mich in vielen Situationen wieder, die für viele andere alltäglich sind, mir jedoch treiben sie den Schweiß auf die Stirn. Telefonate, Termine mit mir unbekannten Menschen, Einkäufe, Reisen, Pakete bei der Post abzuholen oder Besuche in der Heimat ... Ich versuche mit diesem Buch dazu beizutragen, dass für andere queere Menschen und auch für mich selbst solche Situationen immer seltener werden. Die schlimmste mögliche Option ist es, in genau einer solchen Situation auf eine transfeindliche, eventuell sogar gewaltbereite Person zu treffen. Und davon gibt es viele da draußen. In der Regel treffe ich aber, zum Glück, auf aufgeschlossene Menschen, die selbst von sich behaupten würden, auf keinen Fall transfeindlich zu sein. Aber nur, weil jemand das von sich selbst annimmt, schützt mich das noch lange nicht davor, dass diese Personen transfeindliche Äußerungen tätigen oder sich entsprechend verhalten. Genau wie Geschlechterstereotype und Traditionen wurde uns auch Transfeindlichkeit beigebracht. Davon auszugehen, dass jede Frau eine Vulva und jeder Mann einen Penis hat, ist nicht nur trans Menschen gegenüber problematisch, sondern auch anderweitig queerfeindlich. Genauso sind „neugierige", übergriffige Fragen, die queeren Menschen gestellt werden, nicht in Ordnung. Der Gipfel der absurden Fragerei war erreicht, als mich die Kassiererin im Supermarkt meines Vertrauens vor Anwesenden fragte, ob ich denn meine Genitalien „umoperieren" wollen würde und wie es mit den Brüsten aussähe. Eine trans Person passt Genitalien bei eigenem Wunsch an. Es heißt nicht „umoperiert", sondern operativ angeglichen. Außerdem sind trans Menschen kein Google-Ersatz. Vor allem im privaten Kontext. Jeden einzelnen Tag werden mir solche Fragen gestellt. Jeden. Einzelnen. Tag. Auf den Hinweis, dass solche Fragen übergriffig sind, höre ich häufig, dass mein Gegenüber einfach neugierig sei – und, dass es doch so schön sei, mich greifbar zu haben, um Fragen zu beantworten. Nein, das ist nicht meine Aufgabe. Und schon gar nicht die Aufgabe anderer trans Menschen, die nicht öffentlich über diese Themen sprechen. Solche Fragen sind zudem eine ständige Reproduktion meiner Traumata bezüglich meines Körpers. Ich habe jahrzehntelang massive Probleme mit meinem Körper gehabt und soll nun darüber sprechen, als würden wir übers Wetter quatschen? Nein, so läuft das nicht. Ebenso wenig bin ich für die Unwissenheit und Unsicherheit meiner Mitmenschen verantwortlich. *„Oh, bitte entschuldige, wenn ich Fehler mache. Fehler machen ist menschlich."* – Solche Aussagen sind nicht in Ordnung. Ich bin ebensowenig dafür verantwortlich, andere zu verbessern. Wenn Fehler im Umgang mit queeren Menschen passieren, sollten wir uns rasch verbessern, ohne viel Aufhebens, und weitermachen. Auch ich als queere Person mache Fehler. Weil – das ist richtig – Fehler zu machen ist menschlich, aber queeren Menschen muss nicht auf die Nase gebunden werden, wie kompliziert es sei, mit ihnen umzugehen. Die Person, die einen Fehler gemacht hat, muss sich, meiner Meinung nach, nicht großartig entschuldigen. Sondern: verbessern, fortfahren. Denn diese Fehler, zum Beispiel Deadnaming (mehr zu Deadnaming auf Seite 184) oder das Nutzen falscher Pronomen, das Absprechen von Identitäten usw., können zu Verstärkungen von Traumata führen, die queere Menschen vielleicht durchgemacht haben. Ich möchte nicht die Stimme aller trans Personen oder gar aller queerer Menschen sein, aber für mich selbst kann ich sagen: Ich möchte nicht ständig daran erinnert werden, dass ich trans bin. Das passiert schon von ganz allein oft genug.

Und, wenig verwunderlich, gibt es einige Aussagen, die ich als trans Frau nicht mehr hören kann. Das fing damals an mit: *„Boah, du kannst dich besser schminken als richtige Frauen."* Und es ging weiter mit Pseudo-Komplimenten wie *„deine Figur ist fast wie die einer richtigen Frau"* oder *„für eine trans Frau bist du richtig schön"*. Solche Relativierungen und hingeworfenen Sätze sind anstrengend. Sie implizieren, dass trans Menschen prinzipiell unattraktiv sind oder dass es erkennbar wäre, wer trans ist und wer nicht. Dem ist nicht so. Oft werde ich auch dafür „gelobt", so mutig zu sein. Ich wünsche mir, dass queere Menschen in naher Zukunft nicht mehr „mutig" sein müssen, um offen zu sich selbst zu stehen. Schlimm genug, dass das heutzutage noch Mut erfordert.

Ich habe öfter gehört, dass ich nicht so „over the top" sei und wie angenehm das doch wäre (viele trans Frauen seien nämlich zu laut, zu „drüber"). Es gibt leise, laute, bunte und schlichte trans Frauen. Die, die auffällig sind, fallen natürlich mehr auf. Logisch – wie jede laute, bunte Person mehr auffällt als eine ruhige, vermeintlich angepasste. Das einzige Klischee oder Vorurteil gegenüber trans Frauen, an dem in meinem Fall ein Stück Wahrheit dran ist, ist eine gewisse Form der Hyperfemininität. Also dass es trans Frauen gibt, die möglicherweise besonders viel Make-up auftragen, besonders aufwendig gemachte Haare, sehr hohe Schuhe und besonders lange Nägel mögen. Meiner Erfahrung nach hat das damit zu tun, alles daranzusetzen, wirklich als Frau wahrgenommen zu werden und diese Dinge endlich „machen zu dürfen". Dabei bin ich auch einige Male über das Ziel hinausgeschossen. Keine Person, ob trans oder nicht, ist in irgendeiner Weise anders zu behandeln, nur weil sie speziell gestylt ist. Nur zu bewundern.

In meinem Leben gab es eine Zeit, in der am Aufwand meines Stylings lesbar war, wie wohl ich mich am jeweiligen Tag in meiner Haut gefühlt habe. Jede Schicht Make-up diente an so einem Tag als Schutzschild. Je höher der Aufwand, den ich betrieb, umso größer die Angst, Menschen könnten mich nicht als Frau wahrnehmen. Heute ist Styling in den meisten Fällen nur eine Form meines

Ausdrucks. Eine Zeitlang hatte ich das Gefühl, dass mein trans Sein sowieso für alle sofort erkennbar wäre. Bis mir vom Gegenteil berichtet wurde. Aber hier geht es wohl genau um die Sache mit der Eigen- und Fremdwahrnehmung, egal, ob trans oder nicht.

DISKRIMINIERUNG IST KEINE MEINUNG

Ich darf böse sein, ich darf wütend werden, und alle Menschen aus marginalisierten Gruppen dürfen das ebenso. Wenn ich schon wieder gefragt werde, wann ich an meinen Genitalien etwas verändern möchte, habe ich das volle Recht, genervt zu reagieren. Aber ich lasse das selten zu. Denn ich verspüre Druck. Schon oft habe ich in verschiedenen Kontexten miterlebt, dass Menschen in vergleichbaren Situationen nachgesagt wurde, sie seien zu laut, zu zickig, zu aggressiv, zu verständnislos. Dieser Anspruch an marginalisierte Menschen, einerseits jederzeit Aufklärungsarbeit zu leisten und bei noch so übergriffigem Verhalten immer nett und freundlich zu bleiben, ist im Grunde grauenhaft. Trotzdem spüre ich: Ich möchte dieses Narrativ der anstrengenden queeren Person nicht weiter befeuern. Ich weiß nicht, wie sinnvoll mein Umgang damit letztendlich ist. Im Normalfall bleibe ich ruhig, erkläre die Situation und was daran nicht ideal oder auch diskriminierend war. Oft komme ich damit weiter. Aber es treten auch Situationen ein, in denen ich mittlerweile gelernt habe, mich selbst zu schützen. Im beruflichen Kontext sind das beispielsweise Formate, in denen ich als trans bzw. queere Person auf Menschen treffen soll, die eine „andere Meinung" haben. Eine andere Meinung ist es meistens nicht, denn – Überraschung – Diskriminierung ist keine Meinung. Hinzu kommt, dass ich wirklich häufig auf Personen traf, die ihr Geld damit verdienen, diese „Standpunkte", die mir als trans Frau meine Identität absprechen oder mich als krank deklarieren, zu vertreten. Wenn ich einer solchen Diskussion Raum gebe, erwecke ich den Eindruck, es würde um Themen gehen, die diskutierbar seien. Aber nein, sind sie nicht. Und daran ist nichts zu rütteln. Solche Menschen werden in Sendungen übers Gendern eingeladen und schreiben Bücher darüber. Und während sie auf ihrer Dachterrasse sitzen, ein paar dicke Autos in der Garage geparkt, schmunzeln sie innerlich wahrscheinlich über die Befürwortenden ihrer Thesen. Es gibt genügend Menschen, die Diskriminierung unterstützenswert finden. Dass im Grunde alle diese Personen selbst nicht betroffen sind, aber das Gefühl haben, anderen ihre Lebensrealität absprechen zu müssen, sagt schon einiges.

WISSEN, SPRACHE, UNTERSTÜTZUNG UND VOR ALLEM: EMPATHIE

Mir ist es wichtig, Menschen auf Augenhöhe zu begegnen. Dieser Text ist eine Einladung an meinen Küchentisch. In vielen Abschnitten dieses Buches gebe ich sehr private, persönliche Einblicke. Viele Situationen, die ich beschreibe, waren schmerzhaft – und sie wirken bis heute nach. Das ist meine Art, für meine Lebensrealität zu sensibilisieren. Was kann eine Person, die nicht betroffen ist, besser machen? Welche Form von Unterstützung wird gebraucht? Welche politischen Entscheidungen sind nötig? Welche gesellschaftlichen Veränderungen erforderlich? Wo müssen wir ansetzen?

Wie können Menschen, die selbst nicht trans sind, die Community unterstützen und unsere Verbündeten sein? Wichtig ist, Berührungsängste abzulegen. Diese entstehen meiner Einschätzung nach häufig aus dem Wunsch, niemanden verletzen und alles richtig machen zu wollen. Denn ja, auch mit guter Intention können Fehler begangen werden. Auch mit nicht transfeindlicher Absicht können transfeindliche Taten oder Aussagen getätigt werden. Was dagegen helfen kann? Wissen. Und dieses Wissen befindet sich, wir leben immerhin im Zeitalter der Smartphones, quasi rund um die Uhr in unserer Hand. Oder auch in Büchern, wie diesem hier.

Erzählt Menschen davon, die sich vor Themen wie Queerness scheuen. Seid ein Ally, wenn wir nicht dabei sind. Eine Freundin erzählte mir einmal von einem Grillabend, an dem problematische Dinge gesagt wurden. Sie, als *weiße* cis Frau, hat an der Stelle abgewogen: Macht sie den Abend kaputt, weil sie für die Community einsteht, oder hält sie den Mund, um die Harmonie zu wahren? Ich kann diesen Gedankengang nachvollziehen. Ich ertappe mich selbst dabei, wie ich im Umgang mit manchen Menschen das Gendern drossle, weil ich befürchte, es könnte ein Augenrollen als Antwort folgen. In ihrem Beispiel ging es aber definitiv um mehr. Und da müssen sich vor allem die, die von Diskriminierungen nicht in dem Maße betroffen sind, in den Kopf rufen: Wenn transfeindliche Aussagen getätigt werden und ich am Tisch sitze, dann kann ich nicht den Mund halten. Ich habe diese Auswahlmöglichkeit nicht. Ich muss mich mit Hass gegenüber der queeren Community auseinandersetzen, wenn er mir entgegengebracht wird. Die meinen ja mich! Und das kann ich gar nicht verstecken und mich so gegen die Konfrontation entscheiden.

SPRACHE PRÄGT UNSER DENKEN, UND WIR PRÄGEN SPRACHE

Sprache beeinflusst uns Menschen. Ich stolpere immer wieder über die Nutzung der Adjektive „männlich" und „weiblich". Deshalb setze ich sie fast ausschließlich in Anführungszeichen. Wir sollten viel öfter hinterfragen, was wir sagen und was wir eigentlich meinen. Eine Stimme? Hoch oder tief – aber nicht „männlich" oder „weiblich". Eine Art und Weise? Sanft oder forsch – aber nicht „männlich" oder „weiblich". Wir leben nicht in einer Welt, die nur aus Klischeemenschen besteht. Und wenn ich als Frau wenig Brust und überdurchschnittlich breite Schultern habe oder ein Mann keinen Bartwuchs und breite Hüften hat, macht uns das nicht weniger zu unserem Geschlecht als andere. Äußerlichkeiten binär in „Mann" und „Frau" zu teilen, ist einer der Bausteine, der dazu beiträgt, dass trans Menschen in den Köpfen vieler eben doch nicht valid in ihrer Geschlechtsidentität sind. Trans Frauen sind Frauen, trans Männer sind Männer. Keine Männer oder Frauen zweiter Klasse oder einer separaten Kategorie. Ich bin eine Frau. Und eine nicht binäre Person ist weder eindeutig Mann noch eindeutig Frau. Egal, wie die Gesellschaft die Person lesen will oder welches Geschlecht bei der Geburt eingetragen wurde.

Die Relevanz von Sprache zeigt auch ein Experiment, das ich vor einigen Monaten beobachten durfte: Zwei Gruppen von Jugendlichen wurden verschiedene Berufe vorgestellt, im Anschluss wurden sie gefragt, ob sie sich die Ausübung der Jobs zutrauen würden. Der einen Gruppe wurden die Berufe entsprechend unserer stereotypen Vorstellung aufgelistet, also: Anwalt, Putzfrau, Polizist, Erzieherin. Der anderen Gruppe wurden die Berufsbezeichnungen „weiblich" und „männlich" gegendert zur Auswahl gestellt. Die zweite Gruppe traute sich um einiges diverser Berufe zu. Jungs wählten „Erzieher" und Mädchen „Polizistin". Warum? In den Köpfen ist ein Kanzler eben ein Mann und eine Kanzlerin eine Frau.

Ein unermüdlich diskutiertes Thema: **das Gendern.**
Wobei die Diskussion sich mittlerweile häufig um das alle Geschlechter einbeziehende Gendern (mit Genderstern, Gendergap, Doppelpunkt und Sprechpause) dreht. Denn auch ein Wort wie „Polizist" ist gegendert. Eben nur maskulin. Diese Auseinandersetzung wird hauptsächlich von denen aufrechterhalten, die ein Problem mit dem Gendern haben. Sie diskutieren heute noch wild und ausführlich darüber, als hätte es niemals Sprachwandel gegeben und als wären vergleichbare Diskussionen nicht schon seit jeher geführt worden, während gleichzeitig immer mehr Menschen verstanden haben, was das Problem an nicht inklusiver Ausdrucksweise ist, und ihre Sprache deshalb anpassen. Ich bin sicher, dass uns in Zukunft eher die auffallen, die nicht inklusiv sprechen, als die, die es tun. Bei mir ist das bereits so.

Sprache verändert sich. Wo ist der Genitiv geblieben? – Es gibt ihn noch, ich nutze ihn gern, aber die Verwendung des Genitivs hat spürbar abgenommen. Ich bin keine Sprachwissenschaftlerin, dennoch ist mir bewusst, dass sich die deutsche Sprache vor langer Zeit in eine Richtung entwickelt hat, die die Verwendung geschlechtsneutraler Formulierungen erschwert. Dadurch, dass es im Deutschen bei vielen Wörtern eine „weibliche" Form gibt, kann das generische Maskulinum nicht alle meinen. Trotzdem frage ich mich, ob wir die Herausforderung inklusiver Sprache richtig angehen. Wir können nicht in der Zeit zurückreisen und den früheren Generationen verdeutlichen, dass diese Art von Sprache Menschen ausschließt. Es macht keinen Sinn, sich zu wünschen, es hätte den Wandel von Sprache nicht gegeben. Sie ändert sich nun mal. Und seit geraumer Zeit werden Menschen sprachlich ausgeschlossen, die sich selbst „dazudenken" sollen – im Besonderen nicht binäre Menschen. Der Unterstrich, der Doppelpunkt und das Sternchen zielen auf all diejenigen ab, die weder Mann noch Frau sind. Diese Personen werden durch den Einsatz dieser Zeichen angesprochen, also z. B.: Verkäufer_in, Verkäufer:in, Verkäufer*in.

Für mich hat dieses Thema einen sehr hohen Stellenwert, da ich weiß, wie es sich anfühlt, ausgeschlossen und vergessen zu werden. Beim inklusiven Gendern kommt etwas dazu, niemandem wird etwas weggenommen. Auch wenn die Variante, mit Genderzeichen zu arbeiten, bestimmt noch nicht ideal ist. Es ist aktuell, wenn es keine geschlechtsneutrale Alternative gibt, die beste Lösung, die wir haben. Es gilt zu verstehen, dass es nicht darum geht, dogmatisch zu agieren und eine Entscheidung auf alle Zeit zu treffen, sondern zu akzeptieren, dass sich auch diese Form wieder verändern kann und wird.

Was gibt es also am Gendern auszusetzen? Die angebliche Verschlechterung von Schriftbild, Redefluss und Lesbarkeit. Das Schriftbild ist Gewohnheitssache. Pausen innerhalb von Wörtern bzw. im Redefluss („Glottisschlag") machen wir auch an anderer Stelle. Oder wie erkennen wir den Unterschied von „verreisen" und „vereisen"? Die Lesbarkeit ist vor allem für Menschen relevant, die auf Vorleseprogramme angewiesen sind. Denn diese Programme verarbeiten die verschiedenen Genderzeichen wie Sternchen, Doppelpunkt oder Unterstrich auf technischer Ebene unterschiedlich. Daraus folgt, dass diese Sonder- und Satzzeichen, die beim Gendern eingesetzt werden, auf unterschiedliche Weise „interpretiert" und vorgelesen werden. Die Festlegung auf ein einheitliches Genderzeichen würde den Umgang damit erheblich erleichtern, auf vielen verschiedenen Ebenen. Das Problem könnte wohl am einfachsten durch konkrete Regeln behoben werden.

Angeblich müsse das Gendern erst zu Ende gedacht werden. Die Diskussion wird durch die Frage ad absurdum geführt, ob dann auch Autos, Häuser oder Elektrogeräte gegendert werden müssten. Dies zieht die Thematisierung von sprachlicher Diskriminierung ins Lächerliche. Dennoch ist genau dies, meiner Meinung nach, eine gute Hilfestellung: Beschreibt ein Begriff ein Objekt oder einen Menschen? „Bürgersteig" oder „Einwohnermeldeamt" empfinde ich als inklusiv. Für zu geschlechtsspezifische Adjektive gibt es Alternativen: statt „nutzerfreundlich" „nutzungsfreundlich", statt „fachmännisch" „fachkundig". Die deutsche Grammatik ist kompliziert, aber sie hat sich bereits in der Vergangenheit unseren Sprachgewohnheiten angepasst. Warum sollte das also nicht wieder funktionieren?

Die Gegenargumente kommen meist von Personen, die weder Probleme mit der Lesbarkeit, dem Formulieren oder dem Anwenden von Genderzeichen haben. Sie wollen schlichtweg nicht gendern. Und abseits davon: Wir sind Menschen, wir gewöhnen uns an fast alles.

Und außerdem bietet die deutsche Sprache wunderbare Umwege: Ich habe in diesem Buch kein einziges Mal ein Genderzeichen verwendet. Nicht, weil ich mich nicht inklusiv ausdrücke, sondern weil ich mich so ausdrücke, dass es nicht nötig ist.

Wie in diesem Buch dargestellt, gibt es sehr oft die Möglichkeit, Wörter zu benutzen, die nicht „weiblich" oder „männlich" sind.

Eine weitere sprachliche Herausforderung kann die Verwendung von **Pronomen** nicht binärer Personen darstellen. Also wenn die Pronomen des Gegenübers weder „er" noch „sie" sind. In anderen Sprachen gibt es geschlechtsneutrale Optionen. In Schweden wurde, um diese Problematik zu lösen, das komplett neue Pronomen „hen" eingeführt. Ein sehr wichtiges Zeichen. Wer nicht will, benutzt es eben nicht. Befürwortende inklusiver Sprache können die Ignoranz der Gegenseite nicht wegzaubern. Im Englischen bedurfte es keiner Neueinführung, da „they/them" im Sprachgebrauch üblich war bzw. ist. Und das schon lange vor den aktuellen Gender-Diskussionen. Das Schöne ist: In diesen und anderen Sprachen gibt es durch diese Pronomen eine einheitliche Weise, Menschen zu adressieren, wenn das Geschlecht egal, unbekannt oder nicht binär ist. Dies bietet auch in offiziellen Texten wie Stellenausschreibungen einfache Möglichkeiten für inklusive Ausdrucksweisen. In Deutschland gibt es hierzu bereits Lösungsversuche, aber ein neues Pronomen scheint in naher Zukunft nicht eingeführt zu werden. Individuelle Umsetzungen gibt es bereits: Neo-Pronomen. Das sind Wortneuschöpfungen, die als Pronomen dienen (also weder „sie", „er" noch eine andere bereits bestehende Version), beispielsweise „sier", „sie*er", „si_er", „xier". Teilweise stammen diese Vorschläge aus der Sprachwissenschaft. Vor nicht allzu langer Zeit hatte ich den naiven Gedanken, dass sich so viele nicht binäre Menschen wie möglich an einen Tisch setzen könnten, um ein allgemein gültiges nicht binäres Pronomen festzulegen. So einfach läuft das natürlich nicht, und sie tragen nicht alleine die Verantwortung dafür. Dennoch werden zu viele Diskussionen über diese Sprachneuerungen von nicht Betroffenen geführt.

Ständig und überall werden Menschen anhand ihres Aussehens, Auftretens oder ihrer Stimme in Geschlechter eingeteilt. Es wird noch ein langer Weg, diese Kategorisierungen Stück für Stück abzulegen. Äußerliche Eigenschaften definieren nicht zwangsläufig das Geschlecht eines

Menschen. Also appelliere ich daran, dass es normalisiert wird, sich mit den eigenen Pronomen vorzustellen. *„Hallo, ich bin Phenix! Meine Pronomen sind ‚sie/ihr'."* Ich beuge Berührungsängsten vor. Auch wenn heute neue Begegnungen mich fast immer richtig als „sie" wahrnehmen, weiß ich, wie es ist, wenn das nicht passiert. Und bei Unsicherheit: Einfach respektvoll nach dem Pronomen einer Person fragen. Ich bin noch nie einer Person begegnet, die das stören würde.

Die Geschlechtsidentität besagt, wer ich bin. Diese kann, wie bei mir, abweichen von dem Geschlecht, das bei der Geburt zugewiesen wurde – und sie hat vor allem nichts mit der Sexualität zu tun. Unsere Sexualität ist dafür verantwortlich, von wem wir uns angezogen fühlen (oder auch, ob wir uns überhaupt von jemandem angezogen fühlen), unabhängig von der Geschlechtsidentität. Also: Ich bin eine (meist) heterosexuelle oder auch pansexuelle trans Frau: Ich kann mich also zu Menschen jeden Geschlechts hingezogen fühlen. Ich betrachte meine Sexualität als fluide. Strikte Einschränkungen, die ich mir selbst auferlege, wären mir zu langweilig. Natürlich kann eine trans Frau asexuell, homosexuell oder *anders*-sexuell sein. Und all das hat nichts mit sexuellen Praktiken zu tun – also damit, was mit einer, mehreren Personen oder alleine während des Sex passiert. Wer beispielsweise eine aktive oder passive Rolle beim Sex übernimmt, bestimmt nicht die Sexualität und auch nicht die Geschlechtsidentität.

Problematisch sind Worte wie „trans*sexuell*" und „inter*sexuell*" – beide suggerieren, sie würden eine Sexualität beschreiben, tun dies aber nicht. Beides hat nichts mit der Sexualität zu tun. Transgeschlechtlichkeit ist eine Geschlechtsidentität. Und Intergeschlechtlichkeit bezeichnet unterschiedliche biologische Phänomene, bei denen ein Mensch Merkmale verschiedener biologischer Geschlech-

Geschlechtsidentität
WER ICH BIN

Sexualität
AUF WEN ICH STEH'

Sexuelle Praktiken
WAS ICH MACHE

ter aufweist. Intergeschlechtlichkeit beruht auf der Anatomie des jeweiligen Menschen, ist absolut natürlich und in den meisten Fällen kein medizinisches Problem. Manche inter Menschen haben primäre und/oder sekundäre Geschlechtsorgane mehrerer Geschlechter, die aus dem Raster der binären Kategorien von „Mann" und „Frau" fallen. Es gibt tatsächlich viele inter Personen, deren Körper cisgeschlechtlich „aussehen", die aber beispielsweise hormonelle Intergeschlechtlichkeit aufweisen. Spannend ist doch, dass ein bis zwei Prozent der Menschen inter sind. Das sind gar nicht mal so wenige. Die Wahrscheinlichkeit, dass eine Person zu Lebzeiten ein Problem mit der LGBTQIA+ Community hatte, durch die eigene Intergeschlechtlichkeit eigentlich Teil dieser war, dies aber niemals herausgefunden hat, ist verhältnismäßig hoch. Denn inter zu sein, wird nicht immer bei der Geburt festgestellt. Bei manchen dauert es bis zur Pubertät und bei wieder anderen wird es nie festgestellt. Daher gibt es auch keine exakten Zahlen, wie viele Menschen intergeschlechtlich sind. Eine Person, die inter ist, ist nicht zwangsläufig nicht binär. Dies verhält sich wie mit allen möglichen anatomischen Zuständen eines menschlichen Körpers bei der Geburt: Nicht alle sind cis bzw. weisen eine Geschlechtsidentität auf, die mit dem zugewiesenen Geschlecht aufgrund der Genitalien übereinstimmt.

Welche Geschlechtsidentitäten sind also nicht binär? Und ist „trans" auch nicht binär? Nicht unbedingt, aber es besteht die Möglichkeit. Ich persönlich bin eine Frau und dabei ziemlich binär. Also im Spektrum von Geschlechtern am Pol „Frau". Aber das muss nicht so sein oder für immer so bleiben. Es gibt nicht binäre Menschen, die sich als trans verstehen, weil sie nicht das bei der Geburt zugewiesene Geschlecht aufweisen. Nicht binäre Personen befinden sich in diesem Kosmos weder klar bei „Mann" noch bei „Frau". „Nicht binär" (oder „non binary") kann eine eigenständige Geschlechtsidentität sein, aber auch ein Oberbegriff für verschiedene nicht binäre Geschlechtsidentitäten wie beispielsweise „genderfluid" (eine Person, die sich fließend auf dem Spektrum des Geschlechts bewegt), „bigender" (eine Person, die zwei Geschlechtsidentitäten in sich vereint) oder „agender"/ „genderless" (eine Person, die keine Geschlechtsidentität des uns bekannten Spektrums hat). Das „Gegenteil" davon ist „pangender" (eine Person, die das gesamte Spektrum von Geschlecht in sich vereint).

Wenn es um Sprache geht, gibt es einen weiteren problematischen Bereich, den wir angehen sollten. Nämlich den, wie trans Menschen, im Besonderen trans Frauen, nicht genannt oder adressiert werden sollten. Auch hier gibt es trans Menschen, die sich Bezeichnungen oder auch andere **negativ konnotierte Wörter**, mit denen wir uns anschließend beschäftigen, „zurückgeholt" haben und sie für sich selbst in positivem Kontext verwenden. Das ist völlig in Ordnung. Menschen, die nicht trans sind, sollten die Worte trotzdem nicht nutzen.

Transe: ist ein Schimpfwort.

Ladyboy: ist die „Übersetzung" des thailändischen Wortes für transgender. In der westlichen Kultur wird das Wort „Ladyboy" hauptsächlich mit Pornografie und Prostitution in Verbindung gebracht. Daher ist es – ohne den im Business tätigen Menschen nahetreten zu wollen – nicht respektvoll. Denn meine Transidentität hat per se nichts mit Prostitution oder Sexualität zu tun.

Transvestit und Crossdresser: Ein Transvestit ist eine Person, die sich für eine kurze Zeitspanne – also beispielsweise eine Performance lang – nicht dem eigenen

Geschlecht typisch stylt, sondern „gegenteilig". Es handelt sich dabei jedoch nicht um eine konkrete Persona, die verkörpert wird. Das Wort hat seinen Ursprung u. a. in Film und Theater. Der Begriff „Crossdresser" wurde lange Zeit relativ synonym verwendet. Heute wird dieses Wort vor allem in der schwulen Szene genutzt, um ein fetischartiges Verkleiden eines schwulen Mannes „als Frau" im rein sexuellen Kontext zu beschreiben.

Drag Queens und Drag Kings: sind konkrete Personas bzw. Charaktere, die meist im Showkontext auftreten. Auch das hat nichts mit der eigentlichen Geschlechtsidentität einer Person zu tun, sondern ist eine Kunstform. Drag Queens oder Kings nehmen die Rolle spielerisch an, das bedeutet: Cisgeschlechtliche, trans, nicht binäre und alle anderen Menschen können Drag Queens und Kings sein.

ZEIT, GEDULD, FUNDAMENTALE RECHTE UND ANSTAND

Wer an der Seite von trans Menschen stehen und diese unterstützen möchte, sollte nicht nur auf die Sprache achten, sondern Geduld und Verständnis aufbringen. Menschen, die ihre Geschlechtsidentität erkunden, brauchen Zeit. Es gibt keine allgemeingültigen Regeln, nach denen eine Transition durchgeführt wird, und das ist auch gut so. Es gibt trans Menschen, die keine angleichenden Operationen durchführen lassen möchten, und trotzdem ist ihr Geschlecht valid. Trans Frauen sind Frauen und trans Männer sind Männer. Ich weiß, ich wiederhole mich. Aber es ist unglaublich wichtig, dass das alle wirklich verstehen.

Menschen, die einer marginalisierten Gruppe angehören, sollten keine übergriffigen Fragen gestellt werden. Das inkludiert zum Beispiel Fragen zum Genital, Operationen, Geburtsnamen und Sexleben. Meine Mutter hat mir von Reaktionen berichtet, die auf die Information folgen, dass eine ihrer Töchter trans ist. Die erste Frage ist so gut wie immer, ob ich denn bereits operiert sei. Warum interessiert Menschen das so sehr? Und was würde das Wissen darum ändern? Würde nur eine Operation mein Frausein gültig machen?

Neben übergriffigen Fragen brauchen trans Menschen im Regelfall auch keine Krokodilstränen von cis Personen, denen es ach so schwerfällt, alles richtig zu machen und den Namen und/oder die Pronomen anzupassen. Cis Personen sind nicht die Leidtragenden in dieser Situation.

MEINE TRANSITION: HORMONTHERAPIE, MEIN KÖRPER UND EIN NEUES GEFÜHL FÜR MICH SELBST

Dass ich mich heute wohler fühle, hat logische Gründe. Denn nachdem ich Menschen daran habe teilhaben lassen, dass ich trans bin, wie ich genannt werden möchte und welche Pronomen die richtigen sind, ging mein Weg weiter. Zuerst war ich, schon bevor ich anderen von meinen Gefühlen erzählt habe, erschlagen von den Möglichkeiten oder den Unmöglichkeiten. In welcher Form bin ich trans? Wie geht das? Wie ist der Ablaufplan? Einen solchen gibt es nicht – und das hat mich lange überfordert. Ich habe viele Nächte im Internet verbracht, in der Hoffnung, die transidente Erleuchtung zu erlangen. Das geschah nicht. Nach zahlreichen Besuchen auf seriösen und absurden Webseiten kam ich zu dem Schluss, dass ich professionelle Hilfe benötige. Nicht, weil ich eine Person brauchte, die mir meine Transidentität bescheinigt, sondern um eine Person an meiner Seite zu haben, die diesen Weg gemeinsam mit mir geht. Oder: Die mich jedenfalls ein Stück des Weges begleitet. Erst führte mich diese Suche auf den Sessel eines Psychotherapeuten einer guten

Freundin. Das war ein nicht übermäßig hilfreicher, aber sehr wichtiger Schritt. Weil dieser Schritt zum nächsten geführt hat, wie so oft. Diesen ersten Schritt aus der Komfortzone hinaus müssen wir selbst gehen. Und von dort geht es dann weiter. Für mich ging es zu einer Kollegin, die mehr Expertise auf dem Gebiet Geschlechtsidentitäten aufweist. Bei ihr fühlte ich mich schnell gut aufgehoben, weil sie mir Sicherheit vermittelte und einen möglichen Weg vorgab. Sie wusste genauer darüber Bescheid, wie es weitergehen könnte, als ich das tat. Mit der angefangenen Psychotherapie wollte ich schnellstmöglich auch meine Hormontherapie starten. Also führte mich der nächste Schritt – mit psychotherapeutischen Gutachten und einem Attest meiner Hausärztin, gesund zu sein – zum Endokrinologen. Tatsächlich verlief dies in meinem Fall komplikationslos: schneller als erwartet und ohne dass mir weitere Steine in den Weg gelegt wurden. Das ist nicht immer so. Ich verspürte immensen Druck, schnellstmöglich den Prozess zu beginnen. Denn neben der Aufnahme von Östrogen wird durch eine dreimonatig verabreichte Spritze das Testosteron geblockt. Und diese Hormonumstellung verändert einiges im Körper.

Mein Endokrinologe riet mir, ein Hormongel zu verwenden: durchsichtig und unangenehm nach Alkohol riechend. Die Hormone werden so über die Haut aufgenommen. In den Wechseljahren wird manchmal dasselbe Produkt – natürlich nach ärztlicher Verschreibung – angewendet.

Ich fragte mich, was nun mit meinem Körper passieren würde. Das kann nämlich nicht mit kompletter Sicherheit vorhergesagt werden. Alles kann, nichts muss – so in etwa. Denn jede Person reagiert unterschiedlich auf Hormone. Nicht alle cis Frauen haben bei einem gewissen Hormonspiegel einen identisch verlaufenden Zyklus oder dieselbe Brust.

Meine Hormontherapie startete an meinem 25. Geburtstag. Ich war unglaublich aufgeregt. Obwohl mir bewusst war, dass die Veränderungen noch etwas auf sich warten lassen würden. Die Unvorhersehbarkeit, was genau passieren würde, machte mir außerdem große Angst. Was, wenn ich mich nach einigen Monaten Hormontherapie selbst nicht mehr wiedererkenne? Eine solche Hormontherapie ist krasser als eine Pubertät. Das habe ich an manchen Tagen sehr zu spüren bekommen. Der große Unterschied ist, dass ich diese zweite Pubertät mit dem Verstand einer Erwachsenen durchgemacht habe. Wenn also etwas seltsame emotionale Ausbrüche in mir brodelten, konnte ich steuern, diese Gefühle nicht ungefiltert rauszulassen. Manchmal gar nicht so leicht. Den Druck, die Hormontherapie schnellstmöglich zu beginnen, hatte ich damals in erster Linie, um das Testosteron zu blocken. Denn dieses Hormon war verantwortlich für Haarausfall an Stellen, an denen ich meine Haare behalten wollte: auf dem Kopf. Und sorgte für Haarwuchs an Stellen, an denen ich gut und gerne darauf verzichten konnte: überall sonst. Vor allem wegen meiner Geheimratsecken hatte ich zu diesem Zeitpunkt bereits sehr viele Tränen vergossen. Wobei mir das Weinen unter Einfluss von Testosteron, also vor Therapiebeginn, gar nicht so leicht fiel.

Hinzu kommt die Muskel- und Körperfettverteilung, die sich durch diese Therapie verändert. Vor der Hormonumstellung hatte ich, ohne Sport zu treiben, einen recht fit anmutenden Körper und ein kantiges Gesicht. Die Veränderung ist nach wie vor im Gange, aber ich konnte schon einige Entwicklungen feststellen: Meine Geheimratsecken wandern – wenn überhaupt – deutlich langsamer. Meine Gesichtszüge sind weicher geworden. Ebenso die Haut selbst. Im Gesicht wie am restlichen Körper. Ich konnte diese Veränderung vor allem an Bauch und Beinen spüren. An vielen Körperteilen baut sich Muskel-

masse ab, beispielsweise an den Waden oder Schultern. Das Kreuz selbst wird nicht bedeutend schmaler, da die Hormone den Knochenbau nicht beeinflussen. Der ist, wie er ist. Nur die Muskeln und die Fettverteilung verändern sich. Und das gefällt mir. Nur am Bauch könnte ich darauf verzichten. Aber gut, das ist nun wirklich das geringere Übel.

Eine Veränderung, die ich für mich nicht als bedeutend eingestuft hatte, war das Brustwachstum. Ziemlich schnell nach dem ersten Auftragen des Hormongels begann sich meine Brust zu verändern. Und ab dem ersten Moment fühlte ich mich komplettierter als jemals zuvor. Dieses sich bildende Fettgewebe hatte und hat so viel Bedeutung. Besonders angekommen fühlte ich mich mit meinen ersten BHs, Bustiers oder Korsetts. Diese Körperform, von der ich mich oft nicht traute zu träumen, war plötzlich da. Nicht exakt wie in meiner Fantasie, aber die Euphorie überwiegt auch heute noch an den meisten Tagen. Außerdem spüre ich Emotionen plötzlich intensiver. Zum Teil ist dafür der erhöhte Östrogenspiegel verantwortlich, zum anderen bestimmt auch, dass ich mehr in mir angekommen bin und weniger Angst davor habe, echt zu sein, Gefühle zu zeigen. Ich genieße es, mehr zu fühlen. Bis zu meinem 25. Lebensjahr hatte ich seit meiner Jugend wohl nie wieder vor einer anderen Person geweint. Und auch in meinen eigenen vier Wänden erinnere ich mich nur an wenige Male. Ich war kalt. Heute weiß ich, wie befreiend es sein kann, alles rauszulassen, und tue es fast wöchentlich.

Die Produktion von Östrogen wird mein Körper nie von selbst übernehmen. Also gibt es kein Enddatum einer solchen Hormontherapie. Testosteron würde mein Körper immer produzieren, solange keine geschlechtsangleichende Operation durchgeführt wurde. Eine solche Anpassung der Genitalien ist medizinisch kompliziert.

DISKRIMINIERUNG AM LAUFENDEN BAND

Es gibt verschiedene zentrale Themen, wenn es um Diskriminierung von trans Personen geht. Eines davon: Das Transsexuellengesetz, also das Gesetz, das bestimmt, zu welchen Bedingungen wir beispielsweise unsere Vornamen oder die Eintragung unseres Geschlechts in offiziellen Dokumenten ändern dürfen.

1. Personenstandsänderung und Transsexuellengesetz

Nach, vor oder zeitgleich mit der Hormontherapie und anderen operativen Eingriffen ist die Personenstandsänderung für viele sehr wichtig. Für mich war sie das zuerst nicht. Denn wen interessiert es schon, was auf diesem Stück Plastik aka. Personalausweis steht? Heute weiß ich: Mich interessiert's. Denn bei jedem Gang, um ein Paket abzuholen, einer Bahn- oder Flugreise – eben überall, wo ich meinen Personalausweis benötige, rutscht mir das Herz kurz in die Hose. Wer weiß, wie die Person mir gegenüber reagiert? Ich habe einen dgti-Ergänzungsausweis. „dgti" steht für: Deutsche Gesellschaft für Transidentität und Intersexualität e. V. – dort kann der Ergänzungsausweis auch beantragt werden. Auf diesem Ausweis stehen mein richtiger Name und das richtige Geschlecht, außerdem ist darauf ein aktuelles Passfoto zu sehen. In der Theorie ist dieser überall nutzbar und gültig (in Kombination mit einem amtlichen Personaldokument). Aber viele Angestellte kennen ihn nicht. Und dann bringt er mir entsprechend wenig. Muss ich mich schon wieder erklären? Werde ich wieder beäugt und halte die restlichen Wartenden auf? Wird mir überhaupt geglaubt, dass ich diese Person bin? Tatsächlich steht, während ich diese Zeilen schreibe, noch der Geburtsname in meinem offiziellen Ausweis. Für mich persönlich gibt es zwei Hauptargumente, die für und gegen eine Namensänderung sprechen. Als aktivistisch arbeitende Person möchte ich mich nicht dem diskriminierenden Transsexuellengesetz beugen, das seit über 40 Jahren in Kraft ist und im Mai 2021 im deutschen Bundestag bestätigt wurde. (Im Koalitionsvertrag der im September 2021 gewählten deutschen Bundesregierung findet sich das Ziel, dieses Gesetz abzuschaffen.) Dieses Transsexuellengesetz besagt, dass ich mehrere psychotherapeutische Gutachten benötige, die mir die Entscheidungsfähigkeit und „psychische Gesundheit" attestieren sowie bestätigen, dass ich seit geraumer Zeit im entsprechenden Geschlecht lebe (was auch immer das genau heißen soll). Diese Gutachten sind menschenverachtend und greifen viel zu tief in das Privatleben von Individuen ein. Denn diese Termine gehen wortwörtlich unter die Gürtellinie: *„Welche Rolle nimmst du ein, wenn du Sex hast?"*, *„Wie masturbierst du und wie fühlst du dich dabei?"*, *„Was für Pornos schaust du?"* Außerdem stünde mir ein Gerichtsverfahren bevor, in dem verhandelt wird, ob diese Namensänderung rechtens ist. Die Kosten dafür müsste ich erst einmal selbst tragen – mit Glück könnte ich eine Gerichtskostenhilfe erhalten. Hier bewegen wir uns im vierstelligen Bereich. Hinzu kommt der mentale Stress, den ich leider nicht finanziell ausgleichen kann. Aber: Mentalen Stress habe ich auch ohne die Personenstandsänderung. Dieses persönliche Leid könnte früher oder später überwiegen. Denn an einem Flughafen einzuchecken und einen Personalausweis vorzuzeigen, auf dem die richtigen Daten stehen, wäre eine riesige Erleichterung. Es bleibt zu hoffen, dass mit Veröffentlichung dieses Buchs auch die Abschaffung des Transsexuellengesetzes nicht mehr weit ist. Es soll ersetzt werden durch ein Selbstbestimmungsgesetz. Betroffene sollen derartige Anpassungen damit leichter durchführen lassen können.

Seit einiger Zeit bin ich nicht mehr besonders heiß auf Urlaub. Weshalb? Es fängt wie beschrieben damit an, dass ich nicht einschätzen kann, wie die Anreise ablaufen wird. Was, wenn das Personal den Ergänzungsausweis nicht akzeptiert? Welchen Namen gebe ich überhaupt an? Sollte mein Ergänzungsausweis nicht akzeptiert werden, ich aber meinen Namen angegeben haben, der eben nicht auf dem offiziellen Personalausweis steht, könnte das ganz schön kompliziert werden. Ganz zu schweigen von einigen Ländern, deren Hoheitsgebiet ich als trans Frau gar nicht betreten könnte, ohne verhaftet zu werden. In weiteren Ländern gibt es keine Gesetze, die queere Menschen schützen. Ich schreibe dies aus der Position, dort Urlaub machen zu wollen. In diesen Ländern leben natürlich auch zahlreiche queere Menschen, deren Schicksale mich sehr bewegen. Dagegen sind meine Probleme in der Bahn, wenn mir nicht geglaubt wird, die Person zu sein, deren Name auf dem Ticket steht, irgendwie unbedeutend.

2. Misgendern und Deadnaming

Die unangenehmsten Rückschläge im Alltag sind, wenn ich misgendert oder gedeadnamed werde. „Misgendern" ist, wenn ich als Frau nicht als diese wahrgenommen oder adressiert werde. „Deadnaming" ist, wenn eine Person meinen Geburtsnamen verwendet. Grundvoraussetzung dafür ist natürlich, diesen überhaupt zu kennen. Und das tun gar nicht mehr so viele. Ich behalte ihn nämlich für mich. Er scheint für Menschen von großem Interesse zu sein, dabei sollte die Information doch ausreichen, dass ich mich damit nicht wohl fühle. Wenn eine trans Person ihren Namen und ihre Pronomen äußert, sind diese zu akzeptieren.

Ich als trans Person kann nicht von vornherein wissen, warum jemand meinen Namen oder meine Pronomen nicht annimmt und nutzt. Wenn es passiert, fühle ich mich weder akzeptiert noch respektiert. Mein Geschlecht wird invalidiert. Mir wird mein Frausein abgesprochen. War es nur ein Flüchtigkeitsfehler? War es ein Ausdruck dessen, dass diese Person mich nicht als Frau versteht? War es ein absichtlicher Angriff? Auf solche Menschen treffe ich nämlich auch. Erst neulich wollte ich aus einem Taxi steigen, als der Fahrer anfing, an jeden seiner Sätze „mein Lieber" zu hängen. Eine eindeutige Provokation. Ich habe dem bekannten Taxiunternehmen, das viele Kampagnen zur Pride unterstützt, eine Nachricht geschrieben, aber nie eine Antwort erhalten. Also muss ich davon ausgehen, dass weiterhin queere Menschen bei diesem Fahrer auf der Rückbank sitzen und er diese potentiell so behandelt wie mich.

Ich persönlich und sehr viele andere Menschen in ähnlichen Positionen haben viele Jahre genau damit gekämpft. Wie lauten meine Pronomen? Wie fühle ich mich wohl? Wenn dieser jahrelange Kampf hin zur Selbstakzeptanz nicht genügend respektiert wird, verletzt das ungemein. Es kann auch zu erneuten Zweifeln führen: Wenn mich eine Person kennenlernt – zu einer Zeit, in der ich bereits klar „weiblich" präsentierend durch die Welt laufe und an keiner Stelle einen Zweifel an dem Pronomen „sie" zulasse –, sie zu mir aber als „er" Bezug nimmt, frage ich mich, was in diesem Kopf wohl vor sich geht. Und ich unterstelle dieser Person, mich nicht als Frau zu sehen. Womöglich internalisiert transfeindlich. Durch gesellschaftlich geprägte Kriterien wird ein Bild erzeugt, zum Beispiel aufgrund meiner Stimme, meines Aussehens oder des Wissens darum, dass ich mit Penis geboren wurde. Und selbst wenn es unterbewusst stattfindet, werde ich dadurch in eine andere Kategorie als cis Frauen gesteckt.

Bei Schauspieler Eliot Page, der sich 2021 als trans geoutet hat, ist das ständig passiert. Denn er war bereits vor seinem Outing berühmt. Die Öffentlichkeit kennt daher den Geburtsnamen, war es gewohnt, ihn mit anderen Pronomen anzusprechen, und maßt sich deshalb eine Meinung zum Outing an. In der Berichterstattung kam es neben Misgendern und Deadnaming zu Formulierungen wie *„war früher eine Frau"*, *„von Frau zu Mann"* oder *„hat sich entschieden, trans zu sein"*. Daran ist vieles problematisch. Viele trans Menschen waren schon immer trans. Sie brauchten nur Zeit, um es selbst zu verstehen, zuzulassen und schließlich auch, um anderen davon zu erzählen. Bei einem Outing wie dem von Eliot Page steht die Presse vor einer Hürde: Wie erklären wir, um welche Person es sich handelt, ohne den Deadname, also den Geburtsnamen, zu nennen? Und das verstehe ich. Auch wenn es die Situation ganz und gar nicht besser macht. Daher ist meine persönliche Einschätzung, dass im Fall einer so bekannten Person der Geburtsname einmal genannt werden kann. Aber gehandhabt wie beispielsweise die Nennung eines ursprünglichen Familiennamens einer nun verheirateten Person: nicht in der Headline, im ersten Satz oder auf reißerische Art und Weise; vielleicht in Klammern oder in einem Nebensatz. Wichtig ist, dass auch bei einmaliger Nennung des Geburtsnamens nie das falsche Pronomen verwendet wird. In Eliots Fall ist das Pronomen „er". Egal, ob von Vergangenheit, Präsens oder Zukunft berichtet wird.

WENN SICH MIT DER QUEEREN COMMUNITY PLÖTZLICH GELD MACHEN LÄSST

Aber nicht nur der Bericht eines Outings beinhaltet potentielle Fehlerquellen für Medien im Umgang mit queeren Menschen. Der Pride Month wird von Jahr zu Jahr ein relevanteres Thema – auch für Marketing-Abteilungen. Unsere Social-Media-Feeds sind zu dieser Zeit voll mit Regenbogentassen, -shirts, bunten Logos, Pride-Kollektionen und Kooperationen mit queeren Menschen der Medienlandschaft. Und ja, dieser Monat ist dazu da, Awareness bzw. Sichtbarkeit zu schaffen. Alle sollten sich damit auseinandersetzen, welche Nachteile und Diskriminierungsformen queere Menschen in unserer Gesellschaft nach wie vor erleben. Die Frage ist, ob im Kapitalismus jede Form von Aktivismus am Ende performativ ist. Wann ist queerer Aktivismus performativ, wann wird also Rainbow-Washing betrieben?

Auch ich werde oft als Aktivistin beschrieben. Ich selbst tue das ebenso. Aber nicht aus absoluter Überzeugung, sondern aus Mangel an einem besseren Wort, das beschreibt, was ich mache. Laut Definitionen, die im Internet auffindbar sind, bin ich wohl wirklich Aktivistin. Persönlich verbinde ich damit Menschen, die mehr bewegen als ich, Gesetze umschreiben und Petitionen starten. Ich tue nur das, was für mich logisch war, als ich merkte, wie ich als queere Frau in unserer Gesellschaft behandelt werde. Ich musste den Mund aufmachen. Für mich war es nur so: Es gab keine andere Option, als für den Raum zu kämpfen, der mir zusteht, und über mein trans Sein zu sprechen.

Aber was ist **Rainbow-Washing**? Rainbow-Washing, im deutschen Sprachgebrauch auch manchmal Pinkwashing (abgeleitet vom bekannteren Begriff Greenwashing), bezeichnet v. a. Maßnahmen von Unternehmen, die mit queeren Symbolen oder Personen werben, um das eigene Image oder den Umsatz zu verbessern. Ein Beispiel für Rainbow-Washing ist ein Autohersteller, dessen Logos während des Pride Month in Ländern wie Deutschland oder Frankreich in Regenbogenfarben leuchten, aber in Ländern, in denen Queerness als prinzipiell negativ wahrgenommen wird oder sogar unter Strafe steht, bleibt das Logo farblos.

Natürlich stelle ich selbst auch fest, dass meine Geschlechtsidentität in der Medienwelt als Trendthema eingestuft wird. Queer zu sein ist jedoch kein Trend, es geht um Existenzen. Rainbow-Washing fliegt häufig dann auf, wenn die Tiefe einer Kampagne hinterfragt wird. Das zeigt sich bei Unternehmen, die wann immer möglich einen Regenbogen abbilden, aber bei denen bei genauerem Hinsehen klar wird: Hinter diesem Regenbogen ist alles sehr heteronormativ und gar nicht so inklusiv divers, wie sie uns weismachen wollen. Wer kämpft also wirklich an der Seite der Community gegen Diskriminierung und wer bereichert sich nur an bunten Farben und einem aufpolierten Image? Wer will nur mit der LGBTQIA+ Community (und anderen marginalisierten Gruppen) arbeiten, um den Diversity-Hashtag setzen zu können?

Repräsentation ist essentiell. Aber nicht um jeden Preis. Unternehmen sollten sich das ganze Jahr mit diesen Themen auseinandersetzen. Klar, die Pride-Kampagne kann im Juni präsentiert werden. Doch im Unternehmen selbst muss eine antidiskriminierende Haltung gelebt werden – und das nachhaltig. Ein paar Regenbogenfarben helfen dabei wenig.

Auch Formen der Sichtbarkeit, die sich nur halbherzig mit dem Thema auseinandersetzen, haben geringe positive Aspekte für marginalisierte Personen. Und nur mit queeren Menschen zusammenzuarbeiten, weil queer Sein gerade als Trend verstanden wird, ist definitiv nicht der richtige Schritt. Mit queeren Symbolen für einen höheren Umsatz oder besseres Image zu sorgen, obwohl im Unternehmen selbst kein queerfreundliches Klima herrscht, ebenso wenig. Hier geht es um Diskriminierung. Und Diskriminierung in Regenbogenfarben ist immer noch Diskriminierung. Nur bunter verpackt.

Ein Paradebeispiel für die Verstärkung von Vorurteilen gegenüber der LGBQTIA+ Community sind Talkshows aus den Nullerjahren. Queere Themen waren dort immer wieder präsent. Aber wie? Zur Belustigung. Es war ein weiterer Grund, sich über eine Person lustig machen zu können. Aber es ist nicht nur problematisch, wenn Queerness als Grundlage für Witze oder respektlose Unterhaltung verwendet wird, sondern auch, wenn damit kokettiert wird. Ein Beispiel dafür? Cisgeschlechtliche Musikerinnen, die in ihren Videos wild mit anderen Frauen flirten, eigentlich in einer langjährigen heterosexuellen Beziehung stecken und vor allem: keinerlei ernsthaftes Interesse an einer homosexuellen Erfahrung haben. Die lesbischen Szenen oder Auftritte werden lediglich als Klick-Garantie genutzt. Natürlich gilt das nicht für alle, aber die Vermutung liegt sehr nahe, dass es beim Großteil dieser Künstlerinnen rein um Marketing geht. Das ist übrigens kein Rainbow-Washing, sondern „Queerbaiting". Queerbaiting beschreibt Menschen, die nicht queer sind, die für eine erhöhte Aufmerksamkeit und mehr Erfolg jedoch damit spielen, vielleicht doch homo-, bisexuell oder anderweitig queer zu sein.

Warum das problematisch ist? Weil sich Personen aneignen, queer zu sein, ohne in irgendeiner Form die Diskriminierungserfahrungen zu teilen, die wir als Community durchleben. Zum einen kann dies auf Queerness als „Trendthema" und in diesem konkreten Beispiel auf die Fetischisierung lesbischer Frauen zurückgeführt werden. Von einem männlichen Musiker, der in seinem Video damit kokettiert, schwul zu sein, es aber nicht ist, habe ich noch nie gehört. Dafür ist unsere Gesellschaft schlicht zu schwulenfeindlich. Schwule Handlungen werden nicht als ebenso anziehend eingeordnet.

Überall in den Medien halten glücklicherweise immer diverser werdende Besetzungen und Themenpläne Einzug. Wichtig ist ebenso: Wie werden Charaktere dargestellt? Wer spielt die Rollen? In einer Serie, die 2021 in

Deutschland veröffentlicht wurde, in der es um schwules Leben geht, wurden die Hauptrollen mit heterosexuellen cis Männern besetzt. Das Drehbuch strotzt nur so vor Klischees. Viele Figuren haben keine Charaktereigenschaften, ihre Persönlichkeit besteht aus ihrer Homosexualität. Es ist schade, wenn es schon queere Rollen in einer großen Produktion gibt, diese nicht queer zu besetzen. Queerness offen auszuleben, ist auch heute noch schwierig im Schauspielbusiness. Hier wurde also eine große Chance vertan.

Ähnlich problematisch ist der Film „The Danish Girl". Portraitiert wird die Geschichte von Lili Elbe. Sie beruht auf einer wahren Begebenheit. Lili Elbe war vermutlich die erste Person, die sich einer geschlechtsangleichenden Operation unterzogen hat. Geboren wurde sie 1882 in Dänemark. Sie lernte ihre große Liebe Gerda Gottlieb kennen, mit der sie nach Paris zog. Dort lebte sie ihre Femininität immer offener aus. In den Jahren 1930 und 1931 ließ sie mehrere Operationen in Berlin und Dresden vornehmen, die ihrer Geschlechtsangleichung dienten. Das Ganze schlug große Wellen, was dazu führte, dass der dänische König die Ehe der beiden annullierte. Traurigerweise fand ihr Leben nach den angleichenden Operationen ein schnelles Ende, da Komplikationen auftraten, an denen sie verstarb.

In diesem Film wurde die Rolle Lilis von einem cis Mann gespielt. Höchst problematisch. In unserer Gesellschaft ist bewusst oder unbewusst die Annahme weit verbreitet, trans Frauen seien keine richtigen Frauen, sondern eher so „etwas" wie verkleidete Männer. Und genau dieses Narrativ wird damit befeuert. Männer, die trans Frauen attraktiv finden, werden als schwul „beschimpft". Und wenn in einem Kinofilm eine trans Frau von einem Mann gespielt wird, den die Weltöffentlichkeit als genau diesen kennt, ist das nicht gut. Eddie Redmayne, der die

Rolle verkörperte, hat sechs Jahre nach Veröffentlichung des Films eingestanden, dass es ein Fehler war, diese Rolle anzunehmen.

Natürlich wäre es schön, lebten wir in einer Welt, in der solche Besetzungen keine Rolle spielen. Es geht schließlich um Kunst. Und Kunst darf per se sozusagen alles. Aktuell leben wir aber in einer Zeit, in der Menschen aufgrund ihrer Sexualität, Geschlechtsidentität, Hautfarbe, Herkunft oder aus anderen Gründen diskriminiert werden. Und solange wir in dieser Welt leben, muss das Leid, die Benachteiligung und auch die Diskriminierung dieser Menschen gesehen werden. Solange unsere Gesellschaft das nicht verstanden hat, kann eine trans Frau nicht mit einer solchen Selbstverständlichkeit von einem Mann gespielt werden. Den fünften vor dem ersten Schritt zu machen, ist nicht möglich. Andere weibliche Rollen werden auch nicht von Männern besetzt. Darüber würde wohl nicht einmal nachgedacht werden. Also wäre es empfehlenswert, trans Rollen in erster Linie mit trans Menschen zu besetzen. Das wäre Option A. Option B sollte es sein, die Rolle von einer Person des jeweiligen Geschlechts spielen zu lassen. Im Falle von Lili Elbe: einer cis Frau. Für die Zeit im Film, die sie vor der Transition zeigt, gibt es sicher tolles Make-up, oder es wird anschließend mit Effekten gearbeitet. Das würde in den Köpfen das Bild verdeutlichen, dass diese Person eher in der Maskulinität verkleidet ist als in der Femininität.

Im Schauspielbusiness gibt es gar nicht so viele trans Menschen. Laverne Cox aus den USA oder Brix Schaumburg aus dem deutschsprachigen Raum. Eine weibliche trans Schauspielerin hat in Deutschland leider noch nicht den großen Durchbruch geschafft. Doch: Welche Rollen würde sie spielen? Ich würde mir wünschen, dass eine trans Frau selbstverständlich cis Frauen spielen kann.

Mein erster Berufswunsch war tatsächlich, in die Schauspielerei zu gehen. Ich weiß noch, als ich auf der Terrasse meiner Großeltern stand und eine Freundin der Familie mutmaßte, was wir Kinder eines Tages machen würden. Sie fragte, was wir uns wünschten. Mein Bruder wollte CEO werden. Wo und wovon, war ihm damals egal, Hauptsache: Chef. Zeiten ändern sich, denn heute hat er meines Wissens deutlich mehr inhaltliche Ambitionen, als einfach nur im Chefsessel zu sitzen. Für mich war das Schauspielern damals schon Thema, auch andere Menschen fanden, es würde zu mir passen. Ich traue es mir heute immer noch zu und arbeite daran. Meine Traumrolle? Eine cis Frau. Und vielleicht einmal eine Leiche in einem Krimi darstellen oder Bond Girl? Ich wäre tatsächlich nicht das erste trans Bond Girl: Caroline „Tula" Cossey wurde 1954 in England geboren und war 1981 in „James Bond 007 – in tödlicher Mission" zu sehen. Leider hatte sie nur einen kurzen Auftritt, aber sie war dabei. Das Traurige an ihrer Geschichte ist nicht nur, dass die Szene im Film, in der sie mitwirkt, kurz ist, sondern vor allem, dass nach einem Shoot für den Playboy getitelt wurde: „James Bond Girl was a Boy" (Deutsch: „James Bond Girl war ein Junge"). Sie war vor dieser Titelstory nicht öffentlich als trans geoutet. Diese Info bedeutete in den Achtzigern ein abruptes Karriereende. Tatsächlich trieb sie diese Situation und der Umgang mit ihr bis an den Rand des Suizids. Diese Erlebnisse hat sie in einem Buch verarbeitet. Nach einigen turbulenten Jahren lebt sie nun in den Vereinigten Staaten.

Noch vor ihrer Zeit war Angie Stardust bekannt, eine deutsch-US-amerikanische Sängerin, Schauspielerin und Künstlerin mit eigenem Club, den es bis heute gibt. Sie war die erste Schwarze trans Künstlerin, die auf von *Weißen* geprägten Showbühnen performte. Und Romy Haag, die in den Niederlanden geboren wurde. Auch sie ist Sängerin, Schauspielerin, leitete einen Nachtclub und war gern gesehen in Talkshows.

Nicht nur im Filmbusiness fehlen trans Menschen, auch in vielen anderen Branchen. Schon oft sprach ich mit Menschen in Führungspositionen darüber, wie Teams diverser werden können. Ihre häufigste Aussage war, dass sie keine Bewerbungen von Menschen aus marginalisierten Gruppen bekämen. Oder anders gesagt: Sie könnten eigentlich nichts dafür. Die Verantwortung wird einmal mehr den Menschen zugeschoben, die bereits diskriminiert werden. Würden sie sich bewerben, wäre das Problem gelöst. Das halte ich für falsch. Denn woran liegt es, dass Menschen aus marginalisierten Gruppen Probleme am Arbeitsmarkt haben? Einer der vielen Gründe dafür ist der Mangel an Repräsentation. Wenn jede trans Person auf dem Weg in eine bestimmte Position eine Vorreiterrolle übernehmen muss, ist dies ein immenser Kraftaufwand. Zudem bemühen sich Unternehmen nicht, Menschen aus marginalisierten Gruppen anzusprechen. Sie zeigen oft wenig Interesse daran, sich mit Diskriminierungsstrukturen auseinanderzusetzen und einen, soweit möglich, sicheren Raum zu schaffen. Dass sich genau diese Personen nicht bewerben, ist wahrlich kein Wunder.

Die fehlende Repräsentation war für mich als Kind und Jugendliche besonders schwierig, denn in meinem Umfeld gab es kaum queere Menschen. Ich habe mitbekommen, als meine Großeltern über einen Kellner mutmaßten, „vom anderen Ufer" zu sein. Ansonsten ist mir Homosexualität zum ersten Mal „über den Weg gelaufen", als ich als „Schwuchtel" beleidigt wurde. Aber nicht nur in meinem Umfeld gab es keine queeren Menschen, auch in den Medien nicht. Die erste queere Person, die ich im Fernsehen als solche wahrgenommen habe, war Tila Tequila.

Sie suchte auf MTV ihre Liebe. Sie hatte nicht nur männliche Kandidaten, sondern auch eine Gruppe weiblicher Kandidatinnen. Meine Eltern wollten nicht, dass ich so einen „Quatsch" im Fernsehen schaue, aber mein Bruder und ich waren sehr schnell darin, uns die Fernbedienung zu schnappen, sobald sie den Raum verließen. Diese queere Datingshow hat uns fasziniert. Warum? Mit Sicherheit trug die Bisexualität der Protagonistin dazu bei. Ich kann mich außerdem daran erinnern, dass Flavor Flav sich verliebte und bei „Pimp my Ride" von Xzibit Autos aufgemotzt wurden, aber die queere Dating Show ist mir am präsentesten im Kopf geblieben. So erfuhr ich nach und nach, dass es neben Heterosexualität, also neben dem, was ich als „normal" verstand, mehr gibt.

Genauso wenig war mir bewusst, dass trans Menschen existieren. Wenn ich auf dem Bildschirm eine Person gesehen habe, die queer war, war diese oft sehr auffällig, besonders, speziell, laut: beispielsweise Drag Queens wie Olivia Jones. Solche Unterschiede waren mir nicht bewusst – kein Wunder, wenn sie meinem Umfeld ebenfalls nicht bekannt waren. In Serien wie „Berlin, Berlin", die Anfang des 21. Jahrhunderts im TV lief, wurde gezeigt, wie ein cis Mann sich eine Perücke aufsetzt, Lippenstift aufträgt und hohe Schuhe anzieht. Und Überraschung: Plötzlich wird er von allen in der Umgebung als Frau gelesen. Eine solche Darstellung verfestigt einmal mehr die Vorstellung von trans Frauen als verkleidete Männer. Hinzu kommt das gnadenlose Unterschlagen jeglicher Anfeindungen. Der Hauptdarsteller war alles andere als „passing". („Passing" bedeutet u. a., inwiefern eine trans Frau als Frau und ein trans Mann als Mann wahrgenommen wird. Also beispielsweise, wenn ich als Frau gelesen werde.) Dieser Hauptdarsteller wäre so definitiv nicht als cis Frau wahrgenommen worden, was wiederum bedeuten hätte müssen, dass er Diskriminierung erfährt.

DIE WAHRNEHMUNG DER GESELLSCHAFT: KÖRPERMERKMALE

Body Dysmorphia oder körperdysmorphe Störung, die sehr oft im Zusammenhang mit Transidentität genannt wird, beschreibt zuallererst eine übermäßige Beschäftigung mit einem „Mangel" an sich selbst oder einer befürchteten Entstellung der äußeren Erscheinung. Im Kleinen ist das ein sehr verbreitetes Phänomen. Wir leben in einer Welt voller Photoshop und unrealistischer Schönheitsideale. Im trans Kontext bezieht sich diese Störung in großem Maße auf Merkmale des Körpers, die nicht zum Geschlecht „passen". Ich persönlich habe am meisten Probleme mit meiner Schulter-Hals-Partie und der fehlenden Taille. In sehr vielen Fällen ist der Intimbereich ein großes Problem für trans Menschen.

In engem Bezug dazu steht für mich ein gewisser Druck, als Frau wahrgenommen zu werden. Das geht so weit, dass ich mir manchmal Gedanken darüber mache, wie ich stehe, gehe oder sitze. Dieser Druck, und im Grunde auch Wunsch, hat mehrere, wahrscheinlich aufeinander aufbauende Ursachen. U. a. kommt dieser Drang, einen möglichst cisgeschlechtlich weiblichen Körper und ein entsprechendes Auftreten zu haben, durch die Prägung der Gesellschaft. Sie sagt uns: So hat ein Mann zu sein und auszusehen, und so eine Frau. Wäre ich trans, wenn es Geschlechterstereotype und diese Rollenstrukturen nicht gäbe? Wahrscheinlich ja, aber ich kann es nicht mit Sicherheit sagen, weil das eine dermaßen utopische Vorstellung von Gesellschaft ist, dass ich sie mir kaum fantasieren kann. Egal, wie sehr ich es versuche.

Es gibt verschiedene Bereiche, in denen uns als Teil der Gesellschaft Handlungs- wie Denkweisen eingeprägt wurden und werden, die problematisch sind. Inklusivität und

Diversität sind noch nicht lange Thema. Genauso ist es auch mit Transfeindlichkeit. Ein böses Wort? So kommt es auf jeden Fall an. Ich habe Menschen darauf hingewiesen, dass ihr Verhalten oder ihre Aussagen transfeindlich seien. Die Antwort? *„Nein! Ich bin doch nicht transphob!"* Aber nur, weil ein Mensch von sich behauptet, bestimmtes Gedankengut nicht zu teilen, heißt das nicht, dass dies eine in letzter Konsequenz reflektierte Aussage ist. Es ist keine Schande, durch die Sozialisierung Transfeindlichkeit oder andere diskriminierende Strukturen in sich zu tragen. Es ist eine Schande, diese nicht aktiv, eigenständig zu enttarnen und zu entlernen.

Ich als *weiße* Frau bin rassistisch und misogyn sozialisiert worden. Es ist meine Pflicht, alles mir Mögliche zu tun, diese rassistischen und sexistischen Denkweisen zu erkennen und zu eliminieren. Bei internalisierter Transfeindlichkeit verhält sich das ganz ähnlich. Diese Strukturen müssen wir anerkennen. Wenn wir uns nur dagegen wehren und nicht zugeben wollen, dass wir derartige Prägungen in uns tragen, werden wir es nie schaffen, eine Veränderung herbeizuführen.

Genau diese Unaufgeklärtheit findet sich auf so vielen Ebenen: In einer Unterhaltungsshow hörte ich kürzlich, als es spielerisch um „Männer" und „Frauen" ging, dass wir am Ende doch alle gleich seien. Bis zu diesem Zeitpunkt schmunzelte ich, weil ja, es wirkte beinahe wie ein Plädoyer auf Gleichstellung und Gerechtigkeit, aber dann kam die Ernüchterung: *„... außer, wenn es um Genitalien geht."* Es sollte ein Witz sein. Die Beteiligten lachten. Mein Schmunzeln verschwand. Mir wurde bewusst, dass wohl niemand dort verstanden hatte, dass dieser Witz queerfeindlich ist. Und genau solche Witze – und zahlreiche andere Aussagen – festigen ein transexklusives Weltbild. Internalisierte Transfeindlichkeit ist tief in der Gesellschaft verankert. So tief, dass viele lieber nicht so weit graben. Zu vergessen, dass Geschlechter mehr als nur Genitalien sind, und damit trans Männer und Frauen (und andere queere Menschen) zu unterschlagen, ist nicht in Ordnung. Menschen sollten mehr darüber nachdenken, was sie von sich geben. Menschen können ein Geschlecht haben, das in den Augen der meisten nicht zur Optik passt. Trotzdem ist deren Geschlecht valid.

Es gibt Personen, wie mich, die außer am Telefon kaum noch Probleme mit dem „Passing" haben. Menschen sehen mich und nehmen mich als Frau wahr. Das ist ein Privileg. Und gleichzeitig ist das ein Thema, das mich belastet. Denn auch innerhalb der trans Community verspüre ich den Druck, möglichst cispassing zu sein. Also möglichst so auszusehen wie eine cis Frau. Ich empfinde diesen Drang auch in mir und kann das Gefühl daher gut nachvollziehen. Dennoch halte ich diesen Druck für giftig. Wir brauchen uns bloß anzusehen, welche trans Frauen und Männer es am ehesten schaffen, im Mainstream aufzutauchen. Es sind die, die dafür gepriesen werden, dass ihnen ihr trans Sein nicht angemerkt wird. Denn schöne Menschen, Menschen, die ins Muster passen, haben es in den Medien, aber auch ganz generell im Leben leichter.

Ich war schon immer zierlich: Schuhgröße 38, eine Körpergröße von 1,75 m, schlank, volles Haar. So ist es verhältnismäßig leicht, von der Gesellschaft als die Frau wahrgenommen zu werden, die ich bin. Dass ich es durch meine Grundvoraussetzungen und kleinere Eingriffe schaffe, ein Auftreten und Äußeres zu haben, an dem nur wenige zweifeln und das nach gesellschaftlichen Vorgaben als schön gilt, ist ein Privileg. Dennoch gibt es einige Stellen an meinem Körper, mit denen ich mich sehr unwohl fühle, und auch das ist in Ordnung. Wenn ich auf einem Foto Probleme mit meinem Kiefer, dem Hals, Adamsapfel, der Stirn oder mit anderen Bereichen habe, ist das deutlich tiefer verankert. Es handelt sich nicht „nur" um einen Schönheitsmakel, der mich stört. Selbstakzeptanz ist der erste Schritt. Dennoch ist es ein Unterschied, ob ein Mensch cis ist oder nicht. Damit möchte ich keinesfalls das mögliche Leid von cis Menschen mindern oder kleinreden. Freundinnen rieten mir davon ab, zu einem plastischen Chirurgen zu gehen oder bei meinen Fotos mit Bearbeitungsapps nachzuhelfen, um mich so zu akzeptieren, wie ich bin. Aber es ist höchst problematisch, verwischen zu wollen, wie es sich anfühlt, in einen Spiegel zu schauen und einen Menschen zu sehen, der in einem Körper steckt, von dem uns die Gesellschaft beigebracht hat, nicht weiblich zu sein. Ein Körper, der sich für mich so viele Jahre falsch angefühlt hat. Den ich seit langer Zeit versuche zu akzeptieren. Ich bin eine Frau und damit ist mein Körper fraulich, also weiblich.

Vieles, was ich tue, ist ein politisches Statement, eine Art Aktivismus. Dass ich als eine Person, die einer marginalisierten Gruppe angehört, in Bereiche vordringe, in denen es genau solchen Menschen oft schwer gemacht wird, ist ein Statement. Und ich weiß, dass dies auch mit Privilegien zu tun hat. Dass ich bin, wo ich bin, werde ich nie als Selbstverständlichkeit abtun.

WARUM DIE NORM KEINE VERSTÄRKTE SICHTBARKEIT BRAUCHT

Warum brauchen queere Menschen „so viel" Repräsentation? Wo ist denn die Hetero-Parade? Dazu habe ich einmal folgende, sehr kluge Antwort gehört. Wer schon einmal Mario Kart gespielt hat, wird sich mit diesem Vergleich leichter tun (es ist eine Art „Autorennen"): Wenn mein Bruder – nur ein fiktives Beispiel natürlich – auf dem letzten Platz liegt, dann bekommt er vom Spiel Unterstützung durch bunte Kästchen, um wieder nach vorne zu kommen. Also das Spiel – das System – gibt ihm Unterstützung, es noch auf die vorderen Plätze schaffen zu können. Wenn ich – dies ist nun weniger fiktiv, sondern eine sehr wahrscheinliche Situation – ganz vorn liege und dort an der Spitze meine Runden drehe, erhalte ich keine Unterstützung vom Spiel. Denn ich brauche sie nicht. Ich drehe schon mit genügend Vorsprung meine Runden. Um diese Metapher realistischer auf mein trans Sein zu übertragen, müsste ich eher hinten liegen, aber das war im Mario-Kart-Kontext zu absurd.

Im selben Atemzug, mit dem Menschen nach einer Hetero-Parade oder Hetero-Flagge (die es übrigens gibt – jede Sexualität hat eine Flagge, das hat per se überhaupt nichts mit Queerness zu tun) verlangen, folgen oft Behauptungen, dass es „so etwas" früher alles nicht gegeben hätte. Das Leben und die Zwischenmenschlichkeit sowieso so viel einfacher gewesen wäre. Absurd, denn die meisten Facetten von Queerness gibt es schon immer. Es gab nur nicht zu jeder Zeit Wörter dafür. Viele – vor allem nicht queere – Menschen behaupten, sich von den Erwartungen der queeren Community überfordert zu fühlen. Aber ich höre auch immer wieder queere Menschen, die sich beklagen, dass das alles zu kompliziert würde. Ich verstehe, welchen Standpunkt diese Menschen einnehmen. Aber wir müssen aufpassen, dass wir das Problem an der richtigen Stelle angehen. Und Menschen, die eine sehr individuelle Sexualität oder Geschlechtsidentität haben und dafür einen bestimmten Begriff nutzen, sind definitiv nicht das Problem. Das Problem ist, wie mit diesen Menschen umgegangen wird und dass unsere Gesellschaft nicht genügend Akzeptanz bietet.

Bezeichnungen sind auch innerhalb der queeren Community ein großes Thema. Viele Menschen, die Teil der LGBTQIA+ Community sind, differenzieren sich selbst vom Rest der Gesellschaft, indem sie sich als „gay" und die anderen als „hetero(sexuell)" bezeichnen. Im englischsprachigen Raum hat sich das Wort „gay" zu einem Synonym für „queer" entwickelt. Gay kann also die gesamte Community bezeichnen. Im Deutschen tue ich persönlich mir schwer, mich „gay" zu nennen. Das Wort wird doch meist mit „schwul" übersetzt. Daher fühlt sich dieser Begriff für mich falsch an. Denn männlich präsentierend und „schwul" bin ich lange genug unterwegs gewesen. Hinzu kommt, dass die Unterscheidung zwischen „gay" und „hetero" trans Menschen ausschließt. Denn eine trans Person kann durchaus queer – weil trans – und dabei heterosexuell sein. Also werden im deutschen Sprachgebrauch zwei Dinge gegenübergestellt, die nicht die gesamte Community bezeichnen. Natürlich begrüße ich die Weiterentwicklung von Sprache. Wenn wir, die Community, auch im Deutschen bald alle „gay" sind, bin ich auch gern wieder gay.

WUT

Ich bin genervt davon, trans zu sein. Es gibt Phasen, da bin ich genervt von jeder einzelnen Konversation über meine Transidentität. Egal, wie eng ich einem Menschen verbunden bin, an manchen Tagen macht mich jede Frage oder Anmerkung zu meiner Geschlechtsidentität wütend. Es gibt unzählige Momente in meinem Alltag, in denen ich merke, dass mein Gegenüber mich nicht einfach als Frau sieht. Auch, wenn es subtil ist. Und genau diese Momente führen dazu, dass ich mich lieber in queere Gesellschaft begebe, vor allem unter nicht binäre und trans Menschen. Es gibt dort eine andere Form von Verständnis füreinander. Ich möchte lieber einen Satz hören, der für Außenstehende umständlich formuliert wirkt, aber ganz bewusst so verwendet wird, um niemanden auszuschließen oder eine Person in eine Schublade zu stecken, in die sie nicht gehört, als dauerhaft für Akzeptanz zu kämpfen. Dort fühle ich mich gesehen.

In Gesellschaft von cis Menschen komme ich da nämlich vermehrt ins Stutzen: Schutzmechanismen hin oder her, ich kann in Zwölf-Zentimeter-Louboutins und kurzem Kleidchen unterwegs sein, und beim Abendessen wird über die Frauen am Tisch gesprochen, nur ich werde vergessen. Ich kann natürlich gestylt, ohne Make-up zum Sport gehen und werde darauf hingewiesen, wo sich die Umkleide für Männer befindet. Ich kann mich aufwendig stylen, und ich werde für einen als Drag Queen auftretenden Mann gehalten. Am Ende bin nicht ich die, die dies beeinflusst. Ich möchte mein Bestes geben, in mir selbst stets gefestigt zu sein – weil ich weiß, wer ich bin. Warum interessieren dann die anderen? Erst vor Kurzem wurde ich in der Praxis meines Endokrinologen, also bei dem Arzt, der meine Hormontherapie begleitet und der sehr viele trans Menschen in seiner Praxis begrüßt, als Herr aufgerufen. Es war nicht so schlimm wie sonst. Ich habe kurz geschaut, ob wirklich ich gemeint war. In dieser Praxis ist es eigentlich anders als bei meiner Hautärztin. Sie kommt einem sicheren Raum etwas näher, weil dort trans und andere queere Personen ein- und ausgehen. Also hielt ich kurz inne, und in meinem Kopf ratterte es: Wie würde eine cis Person auf so etwas eigentlich reagieren? Meiner Intuition folgend stand ich auf und schaute verdutzt in den Raum. Die Situation warf mich nicht aus der Bahn. Keine Sinnkrise. Und das, weil ich immer mehr ankomme. Immer mehr da ankomme, mein Geschlecht trotz allen Umständen als fast schon langweilige Selbstverständlichkeit zu verstehen, so wie es cis Menschen tun. Das macht mich stolz. Deswegen war diese Situation retrospektiv deutlich besser als andere zuvor. Ich habe es geschafft, misgendert zu werden und mir kaum Gedanken darüber zu machen. Diese kleinen Fortschritte sind unfassbar viel wert.

Menschen denken, eine Frage würde mir nicht wehtun: *„Wo ist dein Penis in dem Bikini?"*, *„Hattest du schon die OP?"*, *„Ist das dein richtiger Name?"* – Ich habe keine Lust mehr, diese Fragen zu beantworten. Ich habe weder Lust noch Kraft dazu, meine Geschlechtsidentität jeden Tag auch noch privat zu thematisieren. Kann ich nicht einfach „normal" sein? Wenn ich meine Geschlechtsidentität nicht selbst zur Sprache bringe, habe ich kein Interesse daran, darüber zu sprechen. Ich habe keine Lust mehr auf cis Menschen, die mir vorheulen, dass sie es nicht besser wissen könnten – doch, kannst du.

Ich weiß nicht, woher die Annahme stammt, trans Menschen müssten alle anderen aufklären. Wahrscheinlich, weil schlussendlich Verständnis für die Situation fehlt. Einmal eine Frage gestellt zu bekommen? Kann doch nicht so schlimm sein! Mal eine? Stimmt, das wäre gar nicht so schlimm. Jeden Tag mehrere? Unerträglich! Ich merke außerdem, dass der Schreibprozess genau dieses Buches an meinen Nerven zehrt. Ich bin als aktivistisch arbeitende Person oft meiner eigenen Geschlechtsidentität als Themenschwerpunkt ausgesetzt, und klar, ich mache das im beruflichen Kontext freiwillig, aber privat kann ich nicht mehr. Ich bin am Limit. Ich will nicht mehr. Hört auf, mich zu fragen, und benutzt eure flinken Finger am Smartphone. Ich bin (privat) kein Ersatz für eine Suchmaschine.

WENN GEWITTER AUFZIEHT – LUFTSCHLÖSSER, ERWARTUNGEN UND GEDANKENDURCHBRÜCHE

Wäre ich da, wo ich beruflich heute stehe, wäre ich nicht trans? Würden Unternehmen nicht Diversität propagieren, um in Teilen der Gesellschaft besser dazustehen, würden sie mich dann buchen? Wäre ich eine cisgeschlechtliche Clara, wo stünde ich heute? Wäre ich gerne cis? Irgendwie schon, klar, aber ich liebe mich selbst genug, um froh über den Menschen zu sein, der ich bin. Und wäre ich nicht trans, wäre definitiv einiges anders gelaufen. Dieses Buch würde ich in diesem Moment nicht schreiben, das steht fest. Vielleicht hätte ich beruflich aber sehr viel schneller, ganz anderen, aber umso „mehr" Erfolg gehabt. Und ich wäre trotzdem ich. Aber hätte ich denselben Charakter? Wie anders wäre ich geprägt worden? Meine Vermutung ist, dass ich viel schneller den Erfolg gehabt hätte, den ich in meiner Jugend angestrebt habe. Damals habe ich Erfolg nämlich mit Beliebtheit gleichgesetzt. Vielleicht wäre es auch ganz anders gekommen. Aber es hätte sicherlich weniger Gelächter auf dem Schulflur gegeben, hätte ich cisgeschlechtlich meine Social-Media-Karriere angestrebt. Vielleicht hätten sie aber auch anderes an mir gefunden, um mich auszulachen. Möglicherweise hätte ich auch gar nie einen YouTube-Kanal erstellt. Denn ich hätte womöglich nicht das Bedürfnis gehabt, aus der „echten" Welt ins Internet zu flüchten. Es ist ein Gedankenspiel, das so viele Variablen hat, dass ich keine ernsthaften Vermutungen anstellen kann. Außerdem übersteigt es meine Vorstellungskraft. Vielleicht wäre ich bereits Mutter, vielleicht hätte ich noch mehr über die Stränge geschlagen, um die Leute zu schockieren. Vielleicht hätte ich mich schneller gefunden, vielleicht niemals.

Wissen cisgeschlechtliche Personen per se schneller, wer sie sind und wo sie hinwollen? Ich befürchte nein, sosehr ich es ihnen gönnen würde. Es ist ein anderer Pfad, Stolpersteine wird es immer geben. Den Weg zu einer Art Selbstakzeptanz gehen wir alle. Und ich habe es schon gesagt: Leid gegeneinander aufzuwiegen, funktioniert in meinen Augen ohnehin schlecht. Wir alle haben einen Rucksack zu tragen. Auch wenn der eine wie eine untragbare Last und der andere wie leichtes Reisegepäck für einen sonnigen Wochenendtrip scheint, haben wir alle unsere individuelle Lebensrealität. Dabei dürfen Privilegien nicht in Vergessenheit geraten, denn wo, wie und wann ich in welche Lebensrealität hineingeboren wurde, hat große Auswirkungen auf das, was danach kommt. Cisgeschlechtliche, heterosexuelle Personen haben mit Sicherheit ihre ganz eigenen Probleme, aber sie werden nicht per se wegen ihrer Geschlechtsidentität oder Sexualität diskriminiert. Solche Privilegien zu haben, ist im Grunde ziemlich schön. Denn sie machen das Leben in diesen Belangen meist weniger kompliziert oder gefährlich. Diese Stellung muss wahrgenommen und genutzt werden. Menschen, die diese Privilegien nicht für sich beanspruchen können, müssen gesehen, verstanden und unterstützt werden. Auch an dieser Stelle gilt natürlich wieder: Individualerfahrungen können nicht für die Gesamtheit stehen. Jeder Lebensweg ist ein eigenständiger, der sich von jedem anderen unterscheidet. Konkrete Antworten, die für die gesamte Community gelten, kann ich nicht liefern, aber ich hoffe, ich kann zum Denken anregen.

Hin und wieder habe ich Gedankendurchbrüche. So nenne ich es, und das schon seit Teenagerzeiten, wenn ich als Eigenbrötlerin lange über ein Problem nachgedacht und endlich eine Lösung gefunden habe. Und genau das passierte wieder. Als ich zum ersten Mal seit Langem im Urlaub war – sogar in sehr angenehmer Begleitung des Menschen, der mir Weihnachten in den Spätsommer verlegt hatte –, habe ich wieder Dinge gemacht, die ich jahrelang nicht mehr getan hatte: Bei einem Date mit ihm habe ich mich sportlich betätigt. Ich. In einer Sportart, die ich nicht beherrschte, in der ich nicht glänzen konnte. Und: Ich bin ehrgeizig, und das kann ich nur selten verbergen. Eine Eigenschaft, die oft als „maskulin" wahrgenommen wird. Aber ich habe es getan, und es fühlte sich gut an. An diesen Tagen drängte das unbesorgte Ich aus mir heraus. Das Ich, das nicht jegliche „Maskulinität" in sich oder der Außenwirkung zu unterdrücken versucht. Das tat extrem gut. Wir schlenderten zu einem Café. Meine langen Haare trug ich offen. Augen geschminkt, Kleidchen an, rasierte Beine, süße Schuhe – also genau das, was von der Gesellschaft von einer Frau erwartet wird. So trat ich einige Schritte in die moderne Lokalität. Jeder Tisch schien belegt, es war Mittagszeit. Die junge Bedienung sprach mit mir und leitete meinen Tischwunsch mit französischem Akzent an ihren Kollegen weiter: *„He wants a table for two!"* („Er möchte einen Tisch für zwei!")

„He"? Er! ER? Das war ein Schlag in die Magengrube. Es hat umso mehr geschmerzt, da die Person, die mich misgenderte, dies – meiner Auffassung nach – nicht mit Absicht tat. Sie nahm mich schlichtweg als „er" wahr. Sie wirkte nicht transfeindlich, es war kein Angriff. In meinem Kopf ging es rund, während ich den Laden wieder verließ. Sie hatten keinen freien Tisch. Die Gedanken waren kaum auszuhalten und rasend schnell, wie in einer schrecklichen Achterbahn. Ich befand mich im Panikmodus.

Kurz zuvor hatte ich in Berlin eine trans Person begleitet, die eine Panikattacke hatte, weil sie mit falschem Pronomen angesprochen worden war. Das empfand ich in dem Moment natürlich als valid. Selbstverständlich. Doch ich war mir damals sehr sicher gewesen, dass mir so etwas nicht passieren würde. Ich hatte mich über meine Selbstsicherheit gefreut. Nun war ich selbst nah dran, in einen solchen Zustand zu verfallen. Wie konnte diese Person denken, ich sei ein Mann? All die Sicherheit, die ich mir in den Monaten zuvor aufgebaut hatte, begann zu wackeln. In diesem Augenblick war sie vielleicht sogar komplett verschwunden. Denn: Ich war auch noch mit diesem Typen unterwegs; einem heterosexuellen Mann. Meine eigene Gefühlslage hat dann zwar Priorität, aber mit der war ich bereits maßlos überfordert, also ließ ich die möglichen Gefühle meines Gegenübers in die Achterbahn steigen: Was denkt er? Wie fühlt er sich? Denken Menschen auf der Straße, wir seien ein schwules Paar? Wenn dem so ist, fühlt er sich dann durchgehend unwohl? Die Bedienung hat mich schließlich gesehen und war sich sicher: Das ist ein Mann. Ein Mann? Ich wollte im Erdboden versinken und war froh um seine Hand, die ich im Gehen hielt. Versteckt hinter meiner Sonnenbrille versuchte ich mir nichts anmerken zu lassen. Aber ich verstummte. Und wenn ich den Mund halte, ist meistens etwas ganz und gar nicht okay. Meine Augen wurden immer feuchter, und Tränen liefen meine Wange hinunter. Auf sein Nachfragen brach langsam aus mir heraus, was mich beschäftigte. Ich wusste, ich müsste mich kurzhalten, weil sonst alle Dämme brächen. Und das war für mich weder der richtige Ort, noch war es die richtige Zeit dazu. Also schilderte ich ihm, was passiert war, worauf er sehr verständnisvoll reagierte. Es donnerte, und im selben Moment brach ein heftiger Regenschauer über uns herein. Unser Gespräch sowie meine Gedanken wurden für eine Weile weggespült.

Am Abend wollte ich genauer erklären, was mit mir los gewesen war. Denn wenn ich als Eigenbrötlerin etwas gelernt habe – vor allem von meiner Therapeutin –, ist es, mein Umfeld an meiner Emotionswelt teilhaben zu lassen. Ich neige dazu, aufkommende Probleme oder Gefühle ausschließlich allein in meinem Kopf zu bearbeiten. Sehr rational. Wenn ich mich so verhalte und nichts klar benenne, kann ich nicht die Unterstützung erwarten, die ich brauche. Vorgenommen, umgesetzt. Ich habe mich diesem Menschen, der noch recht neu in meinem Leben war, geöffnet und meine Gefühlslage geschildert. Das hat sich gut angefühlt.

Am nächsten Tag war das Gewitter längst vorbeigezogen, und auch ich war befreit von den Gedanken des Vortags. An diesem Tag lautete der Plan: schwimmen gehen. Das Mittelmeer lag direkt vor unserem Hotel, und ich hatte mich schon mehrere Tage davor gedrückt, ins Wasser zu springen. Nicht, weil ich nicht gern im Meer schwimme, sondern weil ich dafür einige Vorkehrungen brauche. Wenn ich ein Bikinihöschen oder einen Badeanzug trage, muss ich einige Vorbereitungen mit Materialien treffen, die nicht unbedingt nass werden sollten. Um das zu umgehen, kann ich eine Shorts tragen. Die hatte ich eingesteckt. Weil dieser Mensch an meiner Seite sich so gut anfühlte, hatte ich den Mut aufgebracht, dieses Thema sogar anzusprechen. Ich, mit Badeshorts an einem Strand. Da blinkten in mir imaginäre Alarmleuchten. Aber mit ihm an meiner Seite traute ich es mir zu. Bikini-Oberteil und Shorts. So ging es zum Strand. Unweit des Cafés, in dem ich zuvor mit „er" angesprochen wurde, schaffte ich es nun tatsächlich, in diesem Badeoutfit schwimmen zu gehen. Und es war wunderschön. Trotz meiner Gedanken, ob mich meine Begleitung als „feminin genug" wahrnehmen würde, spürte ich ein weiteres Mal mein unbesorgteres Ich. Wie konnte ein Mensch, den ich nur wenige Wochen kannte, diese befreite Version in mir wiedererwecken? Oder war ich das selbst?

Wenige Tage und Flugstunden später fand ich mich im selben Outfit an einem anderen Strand. Die Begleitung hatte ich zwischenzeitlich in Berlin abgesetzt bzw. durch eine gute Freundin ersetzt. Wir hatten gerade zusammen unser zwei Jahre altes Urlaubsvideo geschaut. Wir beide, in absurdesten Situationen, unterlegt von Eros Ramazzottis „Più bella cosa". Das Video endete, und wir sprachen darüber, wie wir uns seitdem verändert hatten. Für mich war meine optische Weiterentwicklung eine große Erleichterung. Denn was das anging, war ich zu der Zeit, in der das Urlaubsvideo gedreht worden war, das reinste Durcheinander. Ich wusste weder, wer ich war, noch, was ich wollte. Klar war mir nur, wie unwohl ich mich fühlte. Dafür war ich weniger verkopft. Ich vermute, dass ich zu diesem Zeitpunkt schon lange nicht mehr den gesellschaftlichen Normen entsprach und daher keinen Schimmer mehr hatte, wie es sich anfühlte, nicht dauerhaft aufzufallen und angestarrt zu werden. Nun präsentierte ich mich seit einiger Zeit klar „weiblich" und genoss es sehr, weniger negative Aufmerksamkeit bezüglich meiner Geschlechtsidentität zu erfahren.

Ich stand von meinem Handtuch auf, richtete meine Badeshorts und bemerkte, dass Leute eher zweimal als keinmal hinschauten, um zu prüfen, wer nun dieser Mensch mit Strohhut, langen Haaren, Brüsten im Bikinioberteil und Shorts war. Ein weiteres Mal fragte ich mich, wie sich wohl eine cis Frau verhalten würde. Vielleicht war mein Bikiniunterteil verloren gegangen, verbrannt, zerrissen oder ich hatte es schlicht vergessen und meine Sportshorts an. All das wäre möglich. Menschen sehen nicht eine Frau in Shorts und denken: *„Ha! Da versteckt sie ein Glied!"* Von meinen eigenen Gedanken gestärkt ging ich Richtung Meer. Ich war noch nicht auf dem Level meines selbstbewussten Powerwalks, den ich auspacke, wenn ich mich besonders gut fühle. Aber beinahe. Meine Haltung kam dem näher und näher. Schwimmend war es dann so weit, ich hatte den angekündigten Gedankendurchbruch: Ist doch scheißegal, was andere Menschen denken. Und wenn jemand denkt, ich sei ein Mann, dann denkt jemand, ich sei ein Mann. Das ändert nichts an mir, das ändert nichts an meiner Identität. Ich bleibe ich. Losgelöst von jeglichen Gedanken und Vermutungen anderer. Lächelnd und befreit schwamm ich gen Horizont. Ich spürte, wie eine riesige Last, die ich schon eine ganze Weile mit mir herumschleppte, von mir abfiel. Und das befreite Ich, das ich in letzter Zeit hin und wieder in mir verorten konnte, schien langsam ganz da zu sein. Ich malte mir aus, wie ich zu Hause in Berlin in derben Lederstiefeln, ohne Make-up und in Oversize-Outfits breitbeinig und mit rotziger Attitude meiner härteren Seite freien Lauf lassen würde.

Wieder im Alltag angekommen habe ich genau das umgesetzt. Nachdem ich mich hin und wieder so gestylt hatte, kam ich aber zu meinem klassisch femininen Look zurück. Denn so bin ich eben. Und das ist voll okay. Wichtig ist nur: Egal, ob mit Make-up oder ohne, ich bin ich.

Zurück im Alltag endete etwas anderes: das Verhältnis zu dem Mann, der in mir doch nicht das sah, von dem ich dachte, dass er es tat. Es fehlte ihm etwas. Erst war das für mich schwer zu verstehen, da er mir monatelang ein gänzlich anderes Gefühl gab. Ich war sehr traurig, da ich gerade dabei war, mein wirkliches Ich mehr und mehr herauszuholen. Und genau dieses Ich hätte ihm vermutlich gefallen. Ich brauche lange, um eine Person nahe an mich heranzulassen. Und er hat zu früh die Flinte ins Korn geworfen. Vielleicht sollte es einfach nicht sein. Ein Beziehungsende, wie es mir leider schon häufiger passiert ist. Aber ich habe mich wieder ein Stück weiterentwickelt: Ich lasse weniger fernbestimmte Zweifel an mich heran. Ich weiß, wer ich bin: Ich bin Phenix.

*Liebe trans Menschen, liebe LGBTQIA+ Community
oder ganz einfach unentschlossene Menschen!
Meine Erfahrung ist nicht auf euer aller Leben anwendbar.
Dennoch habe ich etwas gelernt, das uns allen helfen kann:
Dass ich mir Zeit lassen muss. Mir Zeit lassen zu
verstehen, wer ich bin, was ich will und wo ich hingehöre.
Ich bin immer noch dabei, das herauszufinden.
Wir alle dürfen uns stetig weiterentwickeln.
Entwicklung und Veränderung gehören zum Leben.
Erwartet nicht von euch, von heute auf morgen eine
Lösung zu finden. Ihr seid gut, so wie ihr seid.*

GLOSSAR

Im Folgenden finden sich Definitionen verschiedener Begriffe. Menschen können diese teilweise individuell anders festlegen.

AFAB-Person („asigned female at birth"): Person, der bei der Geburt das weibliche Geschlecht zugewiesen wurde

agender: eine Person, die keine Geschlechtsidentität des uns bekannten Spektrums hat

androgyn: traditionell „weibliche" und traditionell „männliche" Merkmale vereinend

asexuell: die teilweise oder gänzliche Abwesenheit des Verlangens nach sexueller Interaktion/sexueller Anziehung mit bzw. zu anderen

bigender: eine Person, die zwei Geschlechtsidentitäten in sich vereint

binär (engl. binary): in zwei Geschlechter (Mann und Frau) unterteilt

bi/bisexuell: kann bedeuten, dass sich eine Person ausschließlich zu den beiden bekannten binären Geschlechtern (sexuell) hingezogen fühlt, kann aber auch heißen, dass sich eine Person zu allen Geschlechtsidentitäten (sexuell) hingezogen fühlt. Weit verbreitet ist die Annahme, dass Bisexualität nur Ersteres bezeichnet, dem ist aber nicht so.

BIPoC: Akronym der englischen Bezeichnungen **B**lack, **I**ndigenous and **P**eople **o**f **C**olor

Cat Calling: sexuell konnotierte Äußerungen in der Öffentlichkeit, bspw. hinterherpfeifen

cis/cisgeschlechtlich: Personen sind cis, wenn ihre Geschlechtsidentität dem Geschlecht entspricht, das ihnen bei der Geburt zugewiesen wurde.

Christopher Street Day (CSD): jährlicher Protest-, Demonstrations- und Festtag der Queer Community

Deadname/deadnaming: Der Deadname ist der Geburtsname einer Person, der von dieser abgelegt wurde und sie daher nicht bezeichnet. Deadnaming bedeutet die Verwendung des Geburtsnamens und nicht des richtigen Namens einer Person.

dgti: Deutsche Gesellschaft für Transidentität und Intersexualität e. V.

Drag Queens: Personen, die sich künstlerisch betätigen und dabei (absichtlich überspitzt) traditionell „weiblich" inszenieren

gay (dt. schwul): im Englischen auch ein Synonym für queer, bezeichnet somit die gesamte Community

Gay Liberation Front (GLF): eine ehemalige Freiheitsbewegung der queeren Community in New York

Gender Euphoria (dt. Geschlechtseuphorie): Momente meist nicht cisgeschlechtlicher Personen, in denen sie sich absolut in ihrem Geschlecht wohl fühlen

genderfluid: eine Person, die sich fließend auf dem Spektrum des Geschlechts bewegt

Gender Gap: bezeichnet die soziologische, wirtschaftliche und gesellschaftspolitische Kluft, in der die Unterschiede in der tatsächlichen Gleichstellung von Frauen und Männern deutlich werden – im Kontext von Sprache beschreibt es die Sprechpausen („Glottisschlag"), die durch verschiedene Zeichen wie Genderstern oder Doppelpunkt deutlich gemacht werden.

genderless: siehe **agender**

Geschlechtsangleichung: ein Prozess, bei dem das Geschlecht einer Person, das bei der Geburt zugewiesen wurde, an ihr tatsächliches Geschlecht angeglichen wird

Geschlechtsidentität: bezeichnet die Zugehörigkeit einer Person zu ihrem Geschlecht

Go-go-Boys: Go-go-Tänzer*innen sind Personen, die wenig bis gar nicht bekleidet in Nachtclubs, bei Events, Privatveranstaltungen performen. Der Begriff „go-go" stammt aus dem Französischen *à gogo* (Deutsch: *„in Hülle und Fülle"*).

Heteronormativität: ein bzw. unser vorherrschendes gesellschaftliches System, das Heterosexualität (und damit Binarität) als Norm versteht

heterosexuell: eine meist binäre Person, die sich zu dem anderen meist binären Geschlecht (sexuell) hingezogen fühlt – Heterosexualität setzt eine gewisse Binarität voraus.

homosexuell: siehe „lesbisch" und „schwul"

Hormontherapie: die Einnahme/die Verwendung von Hormonen, bspw. Östrogen, im Zuge der Geschlechtsangleichung

inter/Intergeschlechtlichkeit: bezeichnet unterschiedliche biologische Phänomene, bei denen ein Mensch Merkmale verschiedener Geschlechter aufweist

lesbisch: Frauen, die sich zu anderen Frauen hingezogen fühlen – ein Begriff, den zudem viele nicht binäre Personen angenommen haben

LGBTQIA+: Akronym der englischen Wörter **L**esbian, **G**ay, **B**isexual, **T**ransgender, **Q**ueer, **I**ntersexual und **A**sexual

jemanden lesen als: aufgrund äußerlicher Merkmale eine Person kategorisieren, z. B. jmd. als Frau oder Mann wahrnehmen

marginalisieren: ein Prozess, bei dem bestimmte Gruppen von Menschen an den Rand der Gesellschaft gedrängt/diskriminiert werden und auf verschiedenen Ebenen (wirtschaftlich, sozial, gesellschaftspolitisch) strukturellen Nachteilen ausgesetzt sind – „mehrfach marginalisierte Personen" sind Menschen, die aus mehreren Gründen strukturelle Nachteile erleiden (bspw. BIPoC und trans)

misgendern: Für eine Person werden die falschen Pronomen verwendet; z. B. wird eine Person mit „er/ihn" bezeichnet anstatt „sie/ihr".

nicht binär (engl. non binary): eine Geschlechtsidentität, weder Mann noch Frau, auch ein Oberbegriff für verschiedene nicht binäre Geschlechtsidentitäten wie „genderfluid", „bigender", „agender", „genderless", „pangender"

Outing: bezeichnet in diesem Zusammenhang das (möglicherweise auch unfreiwillige) Öffentlichmachen der sexuellen Orientierung oder Geschlechtsidentität einer Person

Passing: wenn einer Person der Grund für ihre Marginalisierung (siehe „marginalisieren") nicht angesehen wird – z. B.: eine trans Frau, die als Frau wahrgenommen wird

pangender: eine Person, die das gesamte Spektrum von Geschlecht in sich vereint

pansexuell: eine Person, die sich zu allen Geschlechtsidentitäten (sexuell) hingezogen fühlt

Pride/Gay-Pride (dt. Stolz): Zum einen beschreibt es den CSD (siehe Christopher Street Day) sowie den stolzen Umgang der queeren Community mit der eigenen sexuellen Identität.

queer: bezeichnet die gesamte **LGBTQIA+** Community

Rainbow-Washing: (im deutschen Sprachgebrauch auch „Pinkwashing") bezeichnet vorrangig eine Marketingstrategie von Unternehmen, die mit queeren Symbolen oder Personen werben, um das eigene Image oder den eigenen Umsatz zu verbessern

Safe Space: ein Raum, in dem sich Personen der queeren Community oder anderer marginalisierter Gruppen sicher fühlen/aufhalten können, wo die Freiheit und der Schutz vor Diskriminierung sichergestellt werden können

schwul: Männer, die sich ausschließlich zu anderen Männern (sexuell) hingezogen fühlen

Sodomie: Früher wurde darunter jegliches sexuelle Verhalten, das nicht der Fortpflanzung innerhalb der Ehe diente, verstanden. Heute bezeichnet der Begriff den Geschlechtsverkehr mit Tieren.

Street Transvestite Action Revolutionaries (STAR): ein 1970 in New York City gegründeter Verein von Marsha P. Johnson und Sylvia Rivera, dessen Ziel es war, obdachlose Drag Queens und trans Personen zu unterstützen

Trans Exclusionary Radical Feminism (TERF): im Deutschen „trans ausschließender radikaler Feminismus"; TERF steht für eine Gruppe von „Feminist*innen", die trans Frauen in ihrem Verständnis von Feminismus radikal ausschließen, ihre Geschlechtsidentität invalidieren und aberkennen.

trans/transgender/Transgeschlechtlichkeit: Trans ist eine Geschlechtsidentität einer Person, nicht aber ihre Sexualität. Richtige Verwendung: trans Frauen/ trans Männer/trans Menschen; „trans" ist ein Adjektiv, Begriffe wie „Transfrau" oder „Transmann" gelten als veraltet/diskriminierend, da sie eine eigene Kategorie aufmachen, die betroffene Personen auf dieses Alleinstellungsmerkmal reduziert. Die Verwendung der Begrifflichkeiten oder der Schreibweise kann in der Selbstbezeichnung variieren – ebenso legitim.

transsexuell: ein problematischer, diskriminierender Begriff, der suggeriert, eine Sexualität zu beschreiben, dies aber nicht tut; stattdessen sollte der Begriff „transgender" oder „trans" verwendet werden.

Transition: siehe **Geschlechtsangleichung**

valid: gültig, gesichert

DANKE!

Ich möchte mich bedanken bei denen, die mich im Schreibprozess begleitet haben. Bei denen, die mir gut zugeredet haben, wenn ich dachte, dass diesen Text hier doch wirklich keine*r lesen muss. Bei denen, die mir Kraft gegeben haben. Allen voran bei meiner Familie, im Besonderen bei meiner Mutter.

Danke an den Haymon Verlag. Danke an Katharina Schaller, die immer an den Erfolg dieses Buches geglaubt hat und sich um das gesamte Projekt, das Lektorat und vor allem mich gekümmert hat. Vielen Dank an das gesamte Team.

Und ich bin dankbar für alle Freund*innen und Wegbegleiter*innen, die sich gemeinsam mit mir mit so vielen der besprochenen Themen auseinandergesetzt haben. Danke an meine Community auf Social Media. Danke Teresa Reichl für den Input, ohne sie wäre die Passage zur Sprache deutlich weniger klug geworden. Danke an das Lili-Elbe-Archiv, das ich zur Recherche einer BosePark-Produktion besuchen durfte und in dem ich viele wichtige Figuren der trans Geschichte kennenlernen konnte.

Ohne euch alle gäbe es dieses Buch nicht – und ich hätte wohl immer noch nur eine erste Buchseite geschrieben, die in den Untiefen meines stets überfüllten Laptop-Speichers für immer verschollen geblieben wäre.

INHALT

7 Hallo Menschen da draußen!

11 Prolog: Wenn Routine zur Ausnahmesituation wird
15 Ein Anfang: Szenen meines Lebens
59 Die Rechte der LGBTQIA+ Community:
Diskriminierung und Demonstrationen
87 Eine Entwicklung: Selbstfindung, Dating
und die Reflexion unserer Rollenbilder
123 Transfeindliche Argumente, Übergriffe,
Veränderung und Feminismus
165 Wissen, Sprache, Unterstützung und vor allem:
Empathie

213 Glossar

220 Danke!

Dieses Buchprojekt wurde überprüft von DisCheck, dem Beratungskollektiv für Unternehmen, Organisationen und Individuen, die ihre Medieninhalte diskriminierungssensibel und intersektional gestalten wollen. Wir bedanken uns für die konstruktive Zusammenarbeit! Kontakt: Instagram: @discheck_, E-Mail: discheck.kontakt@gmail.com

Auflage:
4	3	2	1
2025	2024	2023	2022

© 2022
HAYMONverlag
Innsbruck-Wien
www.haymonverlag.at

Alle Rechte vorbehalten. Kein Teil des Werkes darf in irgendeiner Form (Druck, Fotokopie, Mikrofilm oder in einem anderen Verfahren) ohne schriftliche Genehmigung des Verlages reproduziert oder unter Verwendung elektronischer Systeme verarbeitet, vervielfältigt oder verbreitet werden.

ISBN 978-3-7099-8152-8

Inhaltliche Betreuung, Lektorat: Haymon Verlag / Katharina Schaller
Projektleitung: Haymon Verlag / Judith Sallinger
Umschlaggestaltung, Vor- und Nachsatz, Buchinnengestaltung nach Entwürfen von: Marie Oniemba, www.behance.net/mariegrace
Satz: Karin Berner
Illustrationen: TURID YEAH, www.turidyeah.com
Alle Fotos: Lina Tesch, www.linatesch.com

Dieses Buch wurde auf höchstem ökologischen Standard gedruckt, ausschließlich mit Substanzen, die wieder in den biologischen Kreislauf rückgeführt werden können. Cradle to Cradle™ – zertifiziert by gugler*, klimapositiv, auf Papier, das in Österreich produziert wurde, und ohne Plastikfolie, die dieses Buch unnötig einhüllt – für unsere Umwelt und unsere Zukunft.

Umschlag und
Bindung ausgenommen
www.gugler.at

– produziert nach den Richtlinien des
Österreichischen Umweltzeichens, Gugler GmbH,
UW-Nr. 609, www.gugler.at